インクルーシブ発想の教育シリーズ❸

# 現場発！
# ソーシャル・インクルージョンとインクルーシブ教育

髙原 浩 著

## 刊行にあたって

　2007年の学校教育法の一部改正で本格実施された特別支援教育。それから10年近い月日が過ぎ、学校教育の中に、一人ひとりの子どもたちを大切にする意識が強まりました。

　しかし、時代はさらに動いています。

　2012年に中央教育審議会から「共生社会の形成に向けたインクルーシブ教育システム構築のための特別支援教育の推進」の報告が出されました。この「インクルーシブ教育システム」では、障害のある子どももない子どもも「可能な限り共に学ぶ」ことを追究するという表現によって「共に学ぶ」という原理が示されたのです。

　これは、とても大切で、とてつもなく大きな課題です。

　「共に学ぶ」とはどういうことなのでしょうか。

　「共に学ぶ」のは誰なのでしょうか。障害のある子どもとない子どもだけの話なのでしょうか。そもそも、障害の有無は、明確に区分できるものなのでしょうか……等々。

　本シリーズでは、これらの課題に向き合っていくための考え方を「インクルーシブ発想」とし、さまざまな考えやそこから導かれる具体的な取り組みを提供していきたいと思います。これらが、それぞれの場所で「共に学び、育つ」取り組みを進めていくきっかけやヒント、エネルギーになれば幸いです。

編集代表　青山新吾
（ノートルダム清心女子大学人間生活学部児童学科）

インクルーシブ発想の教育シリーズ③

**現場発！**
**ソーシャル・インクルージョンとインクルーシブ教育**

目次

刊行にあたって ……………………………………………………………… 3

はじめに ……………………………………………………………………… 7

## 第1章 僕とインクルーシブ
……………………………………………………………………………………… 11

1．ヨコちゃんがきた！ ……………………………………………………… 12
杉のこ級／漢字博士／嫌（イヤ）の判断／特殊教育という技

2．僕のインルーシブ発想 …………………………………………………… 16
『集団』と『個』／壮行会にて

3．インクルーシブ風応援の初体験 ………………………………………… 25
インクルードへの突破口／訓練会

4．養護学校がインクルードできない子 …………………………………… 33
奇行／シカト破り／マグロさん／やり取り／よく頑張った！

5．融合したい側の事情 ……………………………………………………… 41
インクルーシブ戦略／訓練と意図性／あいさつテロ　〜大吾の事情〜／
たて前と本音　〜社会の事情〜／指導の見立て／分かち合うこと／対人
関係指向／特殊教育とノーマリゼーション

6．プロの葛藤　〜セパレートとエクスクルージョンの世界にて〜 … 57
ルーチンワークとソーシャル・ケースワーク／ハアク勤務／ボトルネック
／隣人／発達と人格の陶冶／ソーシャル・インクルージョンへの道行

## 第2章 インクルーシブ障害 …………………………………… 75

1. 障害の在処……………………………………………… 76
更生／立場と役割／「する側」と「される側」／One for all, All for one

2. それでも発達を保障する ……………………………… 95
発達例／発達保障の指針／障害は個性？ 〜たて前と本音の世界〜

3. 原点回帰 ……………………………………………… 104
マーケットになった障害児者／古くて新しい事例

4. インクルーシブへの道行……………………………… 115
個人モデル／生きる意味

## 第3章 ソーシャル・インクルージョンとインクルーシブ教育
### 対談　髙原　浩×青山新吾 ………………………… 127

「インクルーシブ障害」という構造 ………………………………… 128
特別支援教育、福祉のプロとしての立ち位置 …………………… 135
サイエンス、アート、テクノロジー ………………………………… 136
追究すべきものは、人づきあい …………………………………… 146
個を伸ばすこととインクルーシブ ………………………………… 149
スーパーバイザーとスーパーバイジー …………………………… 152

おわりに ……………………………………………………………… 160

## はじめに

　ソーシャル・インクルージョンという概念について思うのは、これを表立って否定する人はいないだろうということです。少なくとも、戦後日本の社会は、インクルーシブな社会を理想として掲げてきたと思います。教育の世界であれば、特殊教育も、特別支援教育も、インクルーシブな世の中を創っていくことにつながる取り組みであり、プロセスであるという前提があります。また、医療の世界であれば、精神医学は患者や患児の社会復帰・参加を後押しするためのものだという前提があります。福祉も同様です。

　ところが、これを実践しようとすると、様々な障害が発生してきます。学校も施設も病院も、支援や指導が進んでいった先をイメージできず、迷走します。本来は、皆で社会を創っていくということと、一人ひとりが成長して力を発揮するということが一体になっている状態をインクルーシブと表現するのだと思いますが、迷走する人には、それがイメージできないのです。

　いじめも不登校も引きこもりも、あるいは残酷な事件も、ソーシャル・エクスクルージョン（社会的排除）の連鎖がもたらした結果です。おそらく、インクルーシブな世の中のイメージを持てないままに方法論をこねくり回すからそうなるのでしょう。

　加えて、迷走しているのは必ずしも教育や支援をしている人ばかりではありません。その真っ只中にいる当事者たちであることも多いと思います。その取り組みは、どこへ向かっているのかわからぬ中腰な姿勢のまま、いつの間にか日常になってしまうのです。

　インクルーシブな状態であるか否かの鑑定は、外から俯瞰してできる

ものではありません。なぜなら、それは一人ひとりの内にある心の問題だからです。従って、インクルーシブ発想とは、一人ひとりの心に寄り添った発想にならざるを得ないと思います。

　本書は、『インクルーシブ発想の教育シリーズ』の中の1冊です。本来であれば、日本の教育畑を地道に耕してきた先生方が著すべき本だと思います。その末席に、僕のように何の論も持たない障害福祉現場の職員が嘴を容れることの意味を考えてみます。
　僕たちは、教育課程を学び終えた人たちを対象者として応援しています。その様々な人たちにおける乳幼児期からの様子を確認し、今現在の彼や彼女と未来に向けて関わり合います。どのケースにおいても、実際にやるべきは、自立支援ではなく、自立を達成するための支援であるというのが実情です。ときに、『敗戦処理』と言わざるを得ないような支援もあります。そうなった理由を明らかにしたところで、救われないケースもあります。否、明らかにしないからこそ、生きていられるというケースすらあります。
　そういう世界において、障害特性やスキルに関する議論は、無駄ではありませんが、それだけで中核に食い込めるものでもありません。そうであれば、障害特性やスキルの話は専門家に任せ、僕は可能な限り人間を描こうと思いました。
　人間とは何か。社会とは何か。ソクラテスの時代から、現代に至るまで、人間が悩み続けているテーマです。僕ごときが明らかにできるものではありません。せめて、現場の真実が伝われば……。障害児者ではなく、人間を描くことが、現場の僕に唯一できることなのではないか。そう考えながらキーを叩き続けた結果が、この本です。
　本書に描かれているケースは、個人情報保護の観点から、すべて架空

のケースで構成されています。ただし、事実よりも真実が伝わるように
著したつもりです。

　個人と社会との接点は、瀬戸際と言い換えることもできます。その瀬
戸際にて、今日も何かが起こっています。それこそが、インクルーシブ
発想の起点なのではないかと、僕は考えています。


髙原　浩

第 1 章

## 僕とインクルーシブ

## 1．ヨコちゃんがきた！

### 杉のこ級

　場面は、1970年代後半の公立小学校です。当時の小学校は、第2次ベビーブームの影響で、児童数が急激に増え、校庭に急ピッチでプレハブの仮設教室が建てられていました。教室の数が足りないことへの対応です。1クラスの児童数は40名を超えており、大変にぎやかなものでした。

　その教室群に、1つだけ人数の少ない「杉のこ級」というクラスがありました。子どもたちは、たくさんある教室（クラス）に紛れて、その教室が在るのをなんとなく知っていました。そして、「杉のこ級」は何かちょっと違うと感じていたと思います。少なくとも、僕はそう思っていました。僕は、何でその教室だけ「1組」「2組」……じゃなくて、「杉のこ級」と名付けられているのか不思議に思いつつも、その疑問はそっとしておきました。子どもながらに、そっとしておかなければいけないのではないか、という世間への忖度のような感情を抱いていたのだと思います。しかし、そんな忖度などお構いなしに飛び出してくる杉のこ級の子がいました。以下は、珍しくもない日常的な風景として、僕の記憶に残っているエピソードです。

### 漢字博士

　僕が小学校5年生の頃だったと思います。担任の菊田先生が教鞭を執る午後の授業中、廊下の先からゴロゴロと給食を運ぶ台車を転がす音がしてきました。すると、にわかに教室内が色めき立つのです。ゴロゴロ音が子どもたちの耳に入ると、授業を受けている子どもたちの顔が期待で紅潮していきます。

１．ヨコちゃんがきた！　13

「あっ、ヨコちゃんが来た！」

わんぱく男子が声をあげます。その声とともに、活発なクラスの子たちは廊下に通じる引き戸を開けて、こう叫びます。

「ヨコちゃん！こっちおいで！」

教室は騒然としていますが、秩序は保たれています。みんなの注目はヨコちゃんに集まっています。

ヨコちゃんは、わんぱく男子に腕を引かれて教室に入ってきます。その顔が、なんだかちょっと迷惑そうなのです。しかし、抵抗することもなく僕らの教室に入ってきます。そして、黒板中央付近の教壇を通り過ぎ、向かって左側辺りに立つのです。菊田先生はというと、（あらあら、しょうがないわね）という感じで、流れを見守っています。しかし、不思議と学級崩壊していかないのです。

その後、子どもたちはひたすらヨコちゃんに質問しまくります。何を質問するのかというと、ない知恵を絞って想像できる限り難しい漢字について質問をするのです。ヨコちゃんはチョークを手にして目を細めながら、子どもたちの質問に耳を傾けます。

「サクラモチ！」

ヨコちゃんは、カツカツと桜餅という漢字を黒板に書いてしまいます。

「カッパ！」

ヨコちゃんは、再びカツカツと河童という漢字を黒板に書いてしまいます。

「もうひとつのほうのカッパだよ！」

ヨコちゃんは一瞬だけ困った顔をして、再び目を細めながら合羽という漢字を黒板に書いてしまいます。そんなことを繰り返すうちに、教室内は徐々にヒートアップしていきます。菊田先生は、相変わらずニヤニヤしてその様子を見ているのみです。

なぜ菊田先生がニヤニヤして見ているのみなのかというと、やがて、勝負がつくことを予測しているからでしょう。そして、結論はいつも、こうなります。

　（やっぱり、ヨコちゃんはスゴイ……）

　当のヨコちゃんは、最初のうち、一瞬イヤそうな顔もするのですが、よく見るとまんざらでもない表情です。漢字博士ヨコちゃんは、その場から逃げ出すでもなく、このような質問タイムをこなした後、少しホクホクした感じの背中を僕らに見せつつ、再び廊下へと旅立っていきます。菊田先生はそれを見送りつつ、おもむろに教壇へと戻り、何事もなかったかのように授業は再開されるのです。


## 嫌（イヤ）の判断

　休み時間になったらなったで、別の形でのヨコちゃんとの関わりがあります。僕らが廊下でヨコちゃんと出会うと、「あっ！　ヨコちゃんだ！」とヨコちゃんの側に駆けより、手を取ってみたりもします。これについては、ヨコちゃんはとても嫌がります。何しろ、突然来るものですから、メチャクチャ嫌がります。

　「チ（血）ガデテシマウ！」

　悲痛な叫び声をあげて、とられた手を振りほどきます。

　（おっと、これは本当にイヤなんだな）

　さすがに、ヨコちゃんに近寄った子どもたちも気づくわけです。気づいた後の行動は、概ね２群に分かれます。１群目は「ヨコちゃん、ごめんね！」で、以降は別の方法で接近する子どもたち。２群目は、ヨコちゃんの反応を面白がって繰り返そうとする子どもたち。

　子どもたちは、同じ経験をしても、180度違う学習をするわけです。ヨコちゃんじゃなくても、これは不思議なことだと思うでしょう。１群目

と２群目を行ったり来たりしている子どもだった僕は、次第に２群目オンリーの子どもたちを見て、不思議に思い始めました。

（なんであんなことをするのだろう……）

この件について、菊田先生の態度はどうだったかというと、実にはっきりしていました。２群目の子どもたちが菊田先生に逮捕されると、能天気な青空にたちまち暗雲が立ちこめてきます。そしてまもなく雷が落ちるのです。もちろん、厳重注意という名の雷に決まっています。

「あなたたちはねぇ、どうして人が嫌がっていることをするの！」

渾身の雷が落ちてきます。菊田先生が、全身全霊をかけて「嫌がらせは許さん」と言っているのは、誰の目から見ても明らかです。それを聴いた僕は、菊田先生が雷を落とすのはもっともだと思います。一方で、授業中に招き入れられる、チョイ迷惑顔のヨコちゃんと僕らとの関わりについては寛容でしたから、これは菊田先生の基準で言う「嫌がっている」に入らないのだろうな、と判断するわけです。そうやって、僕たちのヨコちゃんとの付き合い方に関する判断力は、菊田先生の態度と倶に養われていきました。

今思えば、たぶん菊田先生は、ヨコちゃんにおける瞬間瞬間の反応を見て僕たちへの対応を決めていたのではなく、ヨコちゃんと僕たちの関係が、その後どうなっていくのかを推測して、僕たちへの指導をしていたのだろうと思います。もちろん、その関係がお互いに豊かに育ち合っていくようにと考えていたはずです。


## 特殊教育という技

当時の「杉のこ級」は、特殊学級という種類のクラスでした。今の特別支援教育のように、通級などという制度はなかったと思います。むしろ形としては、普通学級との間にしっかりとした線引きがあったのかも

しれません。ただし、ヨコちゃんの例を見る限り、エライ自由度の高い運用だったようです。確かに、特殊学級という線引きはありましたが、関わり合う子どもたちは平気でその線を越えています。先生方は、その様相を、片目を瞑って見ていることもあれば、積極的指導や厳重注意を入れることもありました。善し悪しは別にして、『子どもたち』という大きなくくりで、僕たちは先生方から把握されていたようです。その中で、ずいぶんとえげつないいじめを目にすることもありましたから、「昔はよかった」などと言うつもりはありません。しかし、今よりも先生の『技』や『芸』を生かしやすい雰囲気ではあったかもしれません。また、特殊学級なのだけれども、学校という大きなくくりに含まれている感じがします。その牧歌的な原風景は、今現在、プロとしてヨコちゃん風の人たちと毎日関わっている僕の中に、いまだ色あせることなく残っています。

学校教育の世界に「特別支援教育」「インクルーシブ教育」という言葉が出てくるのは、それから30年ほど後のことになります。

## 2．僕のインルーシブ発想

### 『集団』と『個』

インクルーシブという言葉は、解るようで解りません。もちろん、総論としては大賛成なのですが、「いいね！ じゃあ、始めようか！」となったときに、具体的な動きが思い浮かんでこないのです。困って日本語に置き換えてみても、出てくるのは「包摂」などという馴染みのない言葉です。これでは、どこから手をつけたらいいのか、さっぱりわかりません。

人間という生物は、とても未熟な状態で生まれてきます。それ故に、一応自立した状態に育つまでに、長い時間がかかります。その期間、

様々な危機を乗り越えたりかわしたりしながら成長発達していきます。そのための場所が「社会」という集団だということになります。

　成長発達は一生続くものですが、個々人で生まれつき、ないしは後天的に身についた違いや癖がありますから、それなりに社会の一翼を担っていくようになるプロセスも一人ひとり違います。営々と積み重ねるべきは、その違いを徹底的に意識しつつ、自分以外の人たちとの共通項になり得るものを見いだし、育て、育ち、互いに連帯していくプロセスです。その先に、社会的包摂（ソーシャル・インクルージョン）という世界があるのかもしれません。そう考えると、個々の事情や成長発達を徹底的に保障することを抜きにインクルーシブという概念にたどり着くことはできないという結論に至ります。社会という集団の中での成長と、個体（生物体）としての成長とは、相互に影響し合いながら進んでいくものであり、別々に進んでいくものではありません。誰かと一緒に何かをするという過程を踏まずに、いきなり一人で何もかもできるようになる人はいないわけですから、これは当然のことです。

　インクルーシブのイメージがぼんやりとはわかっても、実はよくわからない場合、実践的にはどうすればいいのかというと、やることなすこと、将来的にはインクルーシブにつながっていくというイメージを保ちつつ進めていくのがいいと思います。それが先生でしたら、文字を教えるのも、計算を教えるのも、歴史を教えるのも、クラブ活動でも、そこでやっていることや、共に学ぶという行為そのものが触媒のように機能して、その子が社会と触れあい、さらに成長していくといいなと思うのです。そうすると、具体的な行為を伴うため、「こういうことなのか！」という気づきが得られるかもしれません。

　では、それをどこでやるのかというと、『親子』とか『家族』という狭い範囲だけではないでしょう。『社会』という広いフィールドで育って

いくところが、人間らしいところなのだと思います。ところが、本来、セーフティーネットを保障するはずの社会福祉という世界でさえ、契約制度というバリバリの自己責任論を盾にするようになってしまいました。僕だって、そういう制度を使って仕事をしている（せざるを得ない）のです。

　自己責任論という強者の論理が横行する世の中ですが、せめて実践家は、ここで言う「人間らしさ」を忘れてはいけないと思います。

## 壮行会にて

　ある年の初夏に、就職していく青年を皆で送り出す壮行会がありました。この壮行会は、就職して退所する人が出る度に開催されます。従って、ほぼ毎月行われるのですが、職員の側からすると、嬉しいような心配なような、複雑な気分になるものです。しかし、その複雑な気分を吹き飛ばすくらい、毎回感動させられるエピソードがあります。

　その日の主役は、29歳のミノルです。思い起こせば、ミノルと彼の母さんが困り果てて僕と初面談をした日、母さんは、嘆きに近い風情でこんなことを言いました。

　「何しろ、何をやっても続かないんです。どうしてこうなんだろうと思っていたら、病院の先生から発達障害があるって言われて……。検査もしてもらったんです。それで、ここを紹介してもらいました」

　何をやっても続かない……。その現象よりも理由が重要です。理由によって、続くようになるための支援方略が違ってくるからです。その見立てをする根拠として、「発達障害」という診断名は、あまりにも大ざっぱです。一緒に働き暮らしながら確認してみなければ、自立への道筋は見えてきません。

　ミノルと一緒に働いてみて、わかったことは、素直に話を聞く姿勢が

できていないということでした。表面的にはソフトなのですが、意外と頑固で、指摘を受けても受け入れないのです。指摘する相手によっては、不機嫌な顔をして反発します。人の話を聞かないわけではないが、受け入れてもいないという、お互いに気持ちの悪い状態です。これでは、投げ込んだボールがどこへ行ったのかわからないような感じで、指摘したほうも不安です。ミノルが勤めた過去の職場においても、大体同じようなことがあり、最終的には出勤拒否。家にも帰らずに、どこかで夜を過ごし保護されることを何度か繰り返しています。

　ミノルの場合、自己主張があるのはいいのですが、前提としての大きな枠組みやルールを共有せずに主張するからおかしなことになるのです。ミノルは、そういった構造のなかで、彼自身が社会となじめず困るに至っているということに気づいていません。まずは、そのことに気づく必要があります。

　よく、仮説演繹思考などと言いますが、人が社会と折り合って生きていくために必要な力の一つに、周囲を見て、その場が自分に何を求めているのかを知り、そこから自分がすべきことを導き出す力があります。このような思考ができるようになるには、まずは自分が置かれている立場や状況を認識できなければいけません。支援開始直後のミノルは、その辺りからして怪しいものでした。

　ミノルに指示を出すと、チグハグな行動をとり、それを指摘されればぶんむくれます。はっきり言って付き合いにくいのです。こういう場合、指導として思いつきやすいのは、ぶんむくれることによって周囲が嫌な思いをすることや、その結果自分が孤立してしまうことを本人にわかりやすく伝えることです。ただし、いかにいい伝え方を開発しても、伝えるときを間違えてしまったら、台無しになってしまいます。台無し対応を繰り返してしまうと、ミノルは指摘されても聴こうとしないヤツだ、

という評価ができあがってしまいます。だからタイミングは大事なのです。切実感満載のときを見計らって言葉をかければ、意外と素直に受け入れてくれたりもします。

　タイミングだけではありません。誰から伝えられるかについてが重要なファクターになります。人によっては、こちらのほうが重要度が高かったりもします。ミノルもその一人でした。ミノルが人の話に耳を傾けるのは、尊敬に値するとミノルが認める人の話だけなのです。利害関係で動かない堅物であることは、ミノルの人となりを語る上で欠かすことのできない要素です。指導などというものは、しょせん人がやるものです。『誰がやっても同じ結果が出る』ということはありえません。いかに高名なプログラムであっても、このファクターを無視することはできません。

　さらに重要なのは、本人が自分で考えるように持っていくということです。支援者が念頭に置くべきは、指導支援を必要としているのは、自分の行いに対して、自ら問いかけて、ブラッシュアップしていけるようになる前の段階の人たちであるということです。ミノルもそうでした。むくれる理由は、周囲から見ると正当ではありません。しかし、本人は自分が正当であると信じ切っています。自分の主張に固執し、そこから離れられなくなってしまっているのです。

　社会生活の障害になる「こだわり」は、仕方のないものとして諦めるべきかというと、そんなことはありません。言葉のある人であれ、ない人であれ、そのこだわりを凌駕するような合目的的新基準が見えれば、旧基準があっさりと捨て去られて、常識人として生まれ変われる人もいます。例えば、毎朝、ギリギリに駆け込んで出勤してくるという問題があります。原因は、寄り道です。しかし、ミノルはギリギリ間に合うように計算尽くで寄り道していますから、奇跡的に間に合うという日々が続きます。僕はミノルに説教したくなります。

「普通は、余裕を持って出勤するもんだ」

しかし、全く効果はありません。

「間に合っているんだから、問題ないと思います」

ミノルから、確信に満ち満ちた答えが返ってきます。

（フテブテシイ男だ）

僕は頭にくるわけです。でも、何がどう響くかは、人それぞれ。僕は、ない知恵を絞ってミノルの指向性というものを考えます。

「5分前に、ゆとりある表情で出勤してくる人と、ギリギリの時間に、バタバタと駆け込んで出勤してくる人と、どっちが尊敬されると思うか？」

お立ち台に上がりたいタイプのミノルは、考えて答えます。

「え〜。それは、5分前にゆとりある表情で出勤してくる人のほうですね」

一点の曇りもない表情でニコニコして答えます。さらに僕は問いかけます。

「ミノルは、尊敬される人と、危ないと思われる人と、どっちがいい？」

「それは、尊敬される人です」

あったりまえでしょう……、という顔で僕を見て答えます。対話は佳境へと突入します。

「じゃあ、尊敬される人を目指そうか？」

「ぜひ、そうしたいと思います」

今度は、キッパリと言い切りました。ここまでくれば、あとはその想いに行動が伴うようにしていくだけです。土俵が揃ったということになります。ミノルと僕は、安心して、がっぷり四つに組むことができます。ミノルも、孤独の縁から、一歩遠ざかったような顔でニコニコしています。うらぶれた雰囲気が、ちょっと薄まりました。

指導とか支援とかというものは、結局のところ、「いつ」「どこで」「誰

が」「何を」「どうやって」伝えるのかで、上手くいくかいかないかが決まります。そして、それが本人に内在化され、戦術として使いこなせるようになれば、別の場面でも応用の利くような『知恵』になります。ミノルは、それを支援者とともに細々積み重ねました。彼はこだわりの強い頑固者ではありますが、適切な課題設定の下では、粘り強さを発揮します。この辺りは、ミノルの母さんが愛情を持って彼を育てたことの成果でしょう。

　何に取り組んでも途中で投げ出すという母からの主訴と嘆きで始まったミノルの支援ですが、地道なやり取りが繰り返されるうちに、彼の付き合いにくさはどこかへいってしまい、実直なミノルが表面化してきました。やがてミノルは、彼に適した職場を僕らと一緒に見つけ、就職を決めました。職場はミノルの実直丁寧な面を買ってくれたのです。僕らの支援範囲に入った当初は、そんな『売り』がミノルにあるとは夢にも思いませんでした。変われば変わるものです。

　冒頭にも書きましたが、僕らの支援範囲を出て行きたい対象者が、その夢を叶えるべく就職先を決めたとき、僕らは彼や彼女を送り出すための壮行会を行います。対象者の努力と比べれば、不相応だと言われても仕方ないほど簡素な会なのですが、彼らが送り出される側としてそこに立つときは、みんな晴れ晴れとした顔を見せてくれます。ミノルも、ついにその立場になりました。僕はミノルに、無茶な質問をしてみました。

　「ミノルがここで学んだことは何ですか」

　ある範囲の人たちには答えることが至難だと言われる、オープンクエスチョンです。

　「……」

　お約束通り、ミノルは言葉に詰ります。

　（晴れの舞台で、酷な質問をしたかな）

僕はそんなことを思い、助け船の第2質問を繰り出そうとしたそのときのことです。ミノルは、送り出す側の人たちに向けて想定外の言葉を発しました。

　「……仕事に向き合う姿勢と、他者（ひと）の話を素直に聴くことです」

　見事な答えに、僕は感動を隠せませんでした。そうなのです。ミノルが僕らの範囲にいる間に学んだことは、『スキル』などという具体的なものではなく、姿勢とか素直さという教えようのない『性質』だったのです。そして、それこそが、人として社会の中にその立ち位置を得るために不可欠な要素なのです。

　映画『男はつらいよ』に出てくる、お馴染みのシーンが僕の頭に浮かびます。フーテンの寅が、たまに実家のとらやへ帰ったときのことです。寅さんは、ある局面になると、大好きな、おいちゃん、おばちゃん、さくら、博たちに暴言を吐いてしまいます。そして、気まずくなって反省を繰り返すのです。彼は、毎度毎度おなじことをやりながら、いつも通りに失恋し、旅に出て行きます。そんな懲りない寅さんをとらやの面々が心配しています。

　「寅ちゃん、どうしているかねぇ……」

　ソーシャルスキルのない寅さんを多くの人が認め、求めるという設定のこの映画は、ソーシャル・インクルージョンが何に基づくものなのかを考えさせる題材になります。スキルではなく、別の何かに惹かれる心が感じられます。寅さんは困った人です。しかし、世間様にぶら下がっているだけの人ではありません。

　量的な差はありますが、ミノルにもその心が育っているのではないでしょうか。僕たち現場は、あえて非科学的に、そのことを検証しようとしない態度で彼と向き合ってみるのもいいのではないかと思ってしまいます。

いつものように、短い壮行会が終わり、ミノルが身を焦がすようにして憧れた企業就労、つまり施設からの脱出が果たされようというとき、彼は僕の前に立ち、丁寧に頭を下げました。そして一言、絞り出すようにして僕に言いました。

　「米、炊きます」

　「ワハハ……。そうだな。親孝行しような」

　僕は大笑いしました。

　「米を炊く」というのは、在籍中最後の家族面談のときに、僕と彼とが約束したことなのです。家事をやろうとしないミノルのことについて、ミノル・母さん・僕たち支援者の３者が向き合って話し合っていました。

　「何でもやってしまう私が悪いんです。私の育て方が悪かったんです」

　そう言って反省する母さんに黙ってもらい、僕はミノルに説教をしました。

　「母さんはもう若くない。親孝行できるのも今のうちだ。夕飯の米くらい、ミノルでも炊けるだろう」

　そんな苦言がミノルに投げ込まれました。ミノルは、そのことを大切に記憶していたのです。壮行会の別れ際、最後の最後に、まさかその話が出てくるとは思いませんでした。就職を機に、高齢になった母さんを彼なりに支えようという決意表明です。僕は完全に意表を突かれました。しかし、悪い気はしません。

　（清々しいって、こういうことを言うんだな）

　そんな思いで、僕はミノルを施設から送り出したのでした。

　この先、社会に出れば、色々なことが待ち受けているでしょう。しかし、寅さんのように、受け身ではないインクルーシブ感覚を体得した彼は、末席ではあっても社会の一員として、コツコツとその役割を果たし続けるのではないかと思います。

## 3．インクルーシブ風応援の初体験

　35年くらい前のことになりますが、僕にも学生時代がありました。大学で学ぶ身であった僕は、偶然に、同じ講義を受けることの多かった裕太郎と友達になりました。裕太郎は、交通事故に遭って脊椎を損傷しており、車椅子を使って生活していました。

　最初のうちは、車椅子でエッチラオッチラ教室内に入り、講義を受けている彼を横目で見ているだけの僕でした。ただ、当時の大学というのは、今みたいな『合理的配慮』を義務づけられているわけではなく、講義を録音する高性能な IC レコーダーも、タブレット端末も、何もありません。裕太郎は、講義が始まる前に、ぎこちなく筆箱から鉛筆を取り出して、右手に巻き付けてあるバンドにそれを固定します。講義が始まると、それを聴きながら板書された文字をノートに書き写します。聴き取った内容の記憶とノートの記録だけが頼りの世界ですから、ノートはかなり重要なのです。ある日、僕は裕太郎のノートをチラ見しました。

　（何が書いてあるのか、わからない……）

　それが、正直な感想でした。ミミズだってもう少しきれいに進むでしょ、と思うような字ですから、解読できないのです。しかも、絶対的に書字のスピードが不足しています。僕らは聴覚経路から入った先生の声を聴き取るのと同時に文字に起こし書き出しますが、その処理が上手くできない裕太郎には、なんとも不利な状況です。当然、裕太郎の表情には焦りが表れています。精神的にも不利ではないかと思われました。

　人間には『惻隠の情』というものがあります。これには、金銭に換算できない価値があります。それどころか、金銭に換算した途端に雲散霧消するような、自然発生的な感情です。そのミミズののたくったような

文字を必死で書く裕太郎を見て、僕は惻隠の情を催すことになりました。あくまでも催したのであって、深く考えたわけではありません。社会正義だとかなんとか、そんなメンドクサイものではなく、単に催したというだけのことです。言うまでもなく、催すというのは生理現象です。僕は生理現象として、裕太郎にこう言いました。

「あとで、俺のノート、貸すよ」

時間にして3〜5秒。そこから二人の交流は始まりました。不思議なものです。

裕太郎は、僕のノートをどう活用したのか、あるいは、質の悪いノートで大して使い物にならなかったかもしれませんが、喜んでいたことは確かだと思います。

（こんな俺でも、人の役にたつモンなのだなぁ）

自己評価低め、対人恐怖強めの僕は、そんなことを思いました。それから先、車椅子周りの補助や、大学への行き帰りなどで、ずいぶんと裕太郎に手を貸した覚えがあります。ミミズ字の年賀状をもらったときは、素直に嬉しかったことを思い出します。

もちろん、それまでも、妊娠している人や老人に電車の席を譲ったりしたことはありましたが、継続的に人を応援したのは、そのときが初めてだったような気がします。


## インクルードへの突破口

裕太郎との友情物語は、僕の中にある『障害者』という概念を明確に定義づけしました。ある人が社会参加するにあたって障害となるものが存在する場合、それを乗り越えたりかわしたりすることで、その人の人生が順調に進むようになります。だとすると、障害は誰にでもあるわけです。ただし、その質や量は人によって大違いです。その違いが問題な

のだな、と思うようになりました。裕太郎や、電車内で席を譲るべき人にとっての障害は、とてもわかりやすく、僕がメンドクサがらなければ、決心も判断も処置も素早くできます。物理的にも対応しやすいのです。しかし、小学校のときに特殊学級にいたヨコちゃんはどうなのだろうかと考え出すと、すごくわかりにくいのです。

　このわかりにくさは、マニュアル化できるものとそうでないものという風に考えると見えてきます。もちろん、裕太郎の困り感を感じ取り、惻隠の情が起こって、何らかの援助をするという過程だって、キッチリとマニュアル化できない部分があります。ノートを貸すことが本人のプライドを傷つけるとか、誰がノートを貸すのかによっても湧き起こる感情が違ってくるとか、そういった心と感情に関することまで踏み込んでいくと、身動きがとれなくなってきます。

　僕が裕太郎に「俺のノート、貸すよ」と申し出る判断をするとき、僕は頭の中で二つの推論をたてたと思います。一つは〈貸ノートがあれば、裕太郎は安心して講義を聴けるはずだ〉という推論です。なぜ、安心して講義を聴くべきだと思うのかと言えば、同じ学費を支払っているのにも関わらず、裕太郎が置かれている状況はフェアではないからです。もう一つは〈貸ノートがあることで、裕太郎の潜在的学習能力が引き出されるはずだ〉という推論です。ノートを貸すという、ちょっとしたことで、裕太郎の潜在能力が顕在化するのであれば、こんなにいいことはないと思うわけです。ここまでは、論理的に処理できます。しかし、〈それを実行したら裕太郎がどう思うか？〉に関しては、やって（訊いて）みなければわかりません。

　絆には傷がつきものだという話を新聞[1]で読んだことがあります。

---

[1]　鷲田清一「折々のことば」1229　朝日新聞2018年9月16日付。NPO法人抱樸理事長の奥田知志のことば。

深入りしなければ絆にならず、それは必ず傷つくリスクを伴うという意味です。さらに、「社会とはそもそも人が健全に傷つくための仕組みだ」と言います。核心を突いた表現だと思います。

　社会を『人が健全に傷つくための仕組み』と定義すれば、〈裕太郎が安心して講義を聴けるようになるはず〉〈裕太郎の潜在能力が引き出されるはず〉という二つの推論があれば、あとは〈実行するのみ〉でいいということになります。だから僕は、貸ノート作戦を比較的簡単に実行することができたのだと思います。「社会とはそもそも人が健全に傷つくための仕組みだ」という定義は、荒っぽいけれども、インクルーシブに二の足を踏む人にとっての突破口になるわけです。

　僕は、この突破口を頼りに、ヨコちゃん風の人たちへの応援をしてみたいと思い始めました。


## 訓練会

　僕の学生時代は、スポーツとアルバイトが主でした。しかし、それ以外にはまったものもあります。それは、ボランティアでした。ボランティアと言っても、被災地支援のような立派なものではなく、前項で思い始めたことを実行する試みにすぎません。僕は内向的な学生だったので、その類いのサークルに入るでもなく、スポーツの練習やら遠征やらの合間に、社会福祉協議会にある掲示板などを見ながら申し込んでいました。

　最初にはまったのは、障害児の親が運営している訓練会でした。小さな訓練会でしたが、活動は精力的で、毎週体育館やプールを借りて運動したり、キャンプと称する小旅行に出かけたりしていました。

　色々な子どもたちが在籍していましたので、一気に僕の世界は広がりました。また、親心というものについてもかなりの至近距離で感じ取ることができ、僕の中に何か土台のようなものができあがっていくような

時間を過ごすことができました。

　僕の長所は、ズバリ体力があることでしたので、役割としては、活発に動き回る子たちをガッチリと受け止める係のようなものでした。

　ある日、僕が訓練会の一員として体育館へ行くと、小学校１年生の小太郎が、ところ狭しと走り回っていました。その小太郎が僕の懐へ突っ込んで来ます。

　（よしよし。かわいいやつだ）

　と思ったのもつかの間、小太郎は僕の顔すら見ることなく、僕の腰に突入してきました。なんか変だと思ったら、小太郎の目標はベルトのバックルでした。拍子抜けさせられた僕が一矢を報いるために声をかけます。

　「おい！　小太郎！」

　すると、小太郎はそれに応えるでもなく叫びます。

　「シチズン！」

　僕は思わず体育館の時計を見ました。大きな CITIZEN の時計が黙って時を奏でています。次の瞬間、小太郎は遙か彼方に走り去っていました。僕は、脳みそをどこかへ持って行かれた気分です。しかし、若い僕は負けじと、小太郎を追いかけて振り向かせようとします。迷惑そうな表情が印象的ですが、小太郎は、ちょっとだけ付き合ってくれます。そして、すぐに隙を見てプイと去って行きます。何を考えているのかよくわからない、つかみどころのない子どもです。可愛げのないやつですが、どこか小学校の頃に出会ったヨコちゃんを彷彿とさせる雰囲気があります。

　同じ訓練会に、小学校３年生の耕助という男の子がいました。この子はやたらとピョンピョン跳んで走り回ります。時々、彼のほうから僕に突進してきて、ぐるぐる回すことを要求してきます。CITIZEN の小太郎

と違って、目と目は合います。しかし、僕の鼻と耕助の鼻がくっつくくらいに接近してくるのです。どうやら耕助は、僕ではなくて僕の眼球と付き合っているらしいと気がつきました。

また、耕助の母さんはこう言います。

「うちの子、茶碗蒸しが大好きなんですよ〜」

でも、母さんの顔はあまり嬉しそうではありません。それどころか、呆れた顔で笑っちゃいながら、それを言うのです。

「茶碗蒸しのおかわりが、あんまりしつこいから、どんぶりで茶碗蒸し作って出しているのよ〜」

なるほど、それは呆れます。なんぼなんでも、どんぶり茶碗蒸しはいただけません。想像しただけでお腹一杯になります。

耕助は、年中クルクルと回っている（スピニングしている）ので、周りで見ているほうの目が回ります。視覚補正が効き過ぎるのか、独楽みたいに回った後でも、本人の目は回っていません。回転をやめたかと思うと、今度は僕に接近してきて、手をつないできたりくっついてきたりするのですが、それに応じているだけでは人間関係ができてくる感じがしません。これもまた不思議なことです。

初めの頃、僕は、小太郎や耕助と一緒にいる感じがしませんでした。従って、自分がそこにいる必要性があるのかないのかよく判らなくなるのです。そのうち、立つ瀬がないような気分になり、嫌になってくるのです。

あわやこのまま敗退かという危機感を持った僕は、小太郎や耕助との付き合い方を変えることにしました。付き合い方を変えるにあたり、僕は悩みました。

（人と人とが一緒にいる感じというのは、一般的に、どういう状態のことを言うのだろう）

共に生きるという言い方があります。最近では、これをつぼめて共生などと言われるようになりました。言葉というのは不思議なもので、つぼめられると意味が曖昧になってしまう傾向があります。「共生」などとつぼめて言われると、はじめからそういうスタイルがあるような錯覚を起こします。ところが、共に生きる（共生）というのは、そんなに一筋縄でいくものではないですし、最初からあるわけでもないのです。

　その原型は、私とあなたの関係です。便宜上、やってあげるほうと、やってもらうほうとを分けたとして、やってあげるほうが100パーセントやってあげてしまうと、やってもらうほうは生かされているだけで、生きてはいないことになってしまいます。やってもらうほうに、主体性が生まれません。

　社会を俯瞰して見たときに、人それぞれが、得意分野と、不得意分野と、得意ではないけれど努力すれば何とかなる分野とを持っていて、それに応じて役割分担というのが決まってきます。しかし、「不得意だからやらなくて当たり前」だと開き直られると、やってあげるほうは、不思議と腹が立ってきます。

　「ちょっとは努力しろよ」

　と言いたくなります。あるいは、

　「感謝の気持ちがない」

　と不満になります。これは、社会全体の役割分担だけでなく、一対一のやり取りであっても同じです。だから人は、「共に」何かをしている感覚を求めるのだと思います。

　小太郎が「シチズン！」と言ってきたって、僕に応えられることはなく、ただ「ああ、あの時計がね……」と苦笑いするだけです。耕助が僕の眼球を覗き込んできても、僕は「コラコラ」などと言って戸惑うだけなのです。そこから何かが構築されていく感じはしません。小太郎や耕

助がいくら物理的に接近してきても、僕の側に求められているという感覚が湧かないから、こうなるのです。これでは「共生」ではなく、「強制」したりされたりしている状態です。僕は、そういうつまらない世界に、小太郎や耕助を置いておきたくないと思いました。

　小太郎や耕助が人として成長するための第1科は、求められたことに応える能力だと思います。私とあなたの関係であれ、私と家族の関係であれ、私と社会の関係であれ、この必要性があることに変わりはありません。

　不思議なことに、平均的な発達を遂げる子どもたちは、周りが意図して教えなくても、この第1科をクリアしていきます。そして、周囲の人たちと響き合う関係を作り、そこからどんどん「社会」というフィールドに融合していく力を身につけていきます。認知・思考能力の発達は、この力がつくことと相関関係にあります。共に生きることで個人的な能力も発達していくのです。これが「個性」になっていきます。ところが、小太郎や耕助は、いくら CITIZEN がわかるようになっても、どんなに独楽のごとくクルクル回る能力が上がっても、それを一人でやっているだけでは、社会的に意味ある展開になりません。意図的に、社会との関係が成立するようにしていかなければいけないわけです。そうしないと、「個性」と呼んでもさしつかえないような趣は出てこないのです。勝手であることと個性的であることは、全く別のものなのです。

　彼らが響き合う関係を求めてこない、ないしは、響き合わない一方的な関係を求めてくるだけならば、こちらから求めていくしかありません。そうしないと、彼らは寄る辺のない身になりやすく、歳を重ねるごとに、生きづらさを露呈するようになります。

　（小太郎や耕助と、実感のこもったやり取りをしたい）

　僕は、ボランティアで訓練会の子どもたちと関わり合いながら、そん

なことばかりを考えるようになりました。

## 4．養護学校がインクルードできない子

**奇行**

　僕が学生だった頃、よく児童相談所や障害児訓練会の手伝いをしていました。ボランティアという位置づけでしたが、いくらかの謝礼金をもらいながらやっていました。僕は、ボランティアサークルなどには属していなかったので、一人で見つけてきて、一人で申し込んで、一人で参加していました。

　今考えると、どうしてあんなことができたのだろうかと不思議に思うこともあります。その中の一つに、母子家庭の親子との関わりがあります。その家には、養護学校（今の特別支援学校）の高等部に在籍している男子がいました。名前をマサシと言います。母さんは働いているので、マサシが学校から帰って来るタイミングで、僕がマサシの家へ行き、母さんが仕事から帰ってくるまでマサシと一緒に留守番をするのです。僕は児童相談所から大雑把な説明を受けて、その役割を引き受けました。僕は、障害児者に関する専門教育も何も受けていない、無知なボランティアの学生でした。その僕が、なぜ見ず知らずの障害児がいる留守宅を預からせてもらえたのか、今考えると謎なのですが、やっていたことは事実です。

　そのマサシは、当時、養護学校高等部の２年生でした。見ず知らずの僕に応援を頼むくらいですから、母さんも相当困っていたのでしょう。

　「学校へは行くけれど、校内には入れないんです。校門の外で一日中足を地面に擦りつけているんです……」

　寂しそうに話す母さんでしたが、僕の頭の中はついていけません。

（校内に入れないということは、登校拒否か。だけど、校門の前までは行くんだよなぁ。足を地面に擦りつけているって、どういうこっちゃ？先生は何しているんだろう？）

　？？がいっぱいになってしまいます。その、どういうこっちゃ？　を母さんに質問すると、母さんは、さらに寂しそうな顔で言います。

　「先生も声はかけてくださるんですけど、中には入らないそうです。足を擦りつけるのは、家でもやります。すぐ、靴の底に穴が開いてしまうんです」

　僕は、靴の底に穴が開くほど地面に足を擦りつける人など見たことがないから、びっくりです。それだけではありません。マサシは、もっと過激な行動をとります。自動車の屋根に飛び乗ってジャンプするのです。それも、標的は特定の車種に限られます。『サニー』という車でした。母さんは、なぜサニーなのか、さっぱり解らないと言います。障害は個性だとか何とか、そんな悠長なことは言っていられません。社会と接触したくないが故の奇行なのか、奇行が社会との接触の障害になっているのか、その話を聞いたときの僕にはわかりませんでした。しかし、そんなマサシと、僕は１週間に１度、留守番という形で付き合うことになったのです。マサシは精神科にも通院していて、薬の処方もありました。僕が母さんから教わったマサシについている診断名は、精神発達遅滞と自閉症でした。


**シカト破り**

　マサシと過ごす最初の午後、母さんから聞いていた通り、マサシは自宅（団地）のベランダに出て、足擦りを始めました。

　（放置しておいたら、やめるのかな……）

　僕は、少しの間見ていましたが、マサシの形相が険しくなるばかりで

す。僕の目から見て、趣味とは思えませんでした。だいたい、すでに靴を大量にお釈迦にしているこの行為が、見ているだけで止まるわけがありません。学校でも、校門の前でずっとこれをやっているのです。当然、授業になど入れません。僕には、難行苦行・無間地獄のようにしか見えませんでした。

　（最初に、こっちの希望をマサシに伝えたほうがよさそうだ）

　僕はそう思いました。僕は、マサシとやり取りをしたかったのです。だから、その気持ちを初日である今日のうちに伝えておいたほうがよさそうだと思ったのです。後になればなるほど、僕がマサシの足擦り行動をよしとしているという誤解が強くなっていくような気がしました。そこを越えないと何も始まらないというのが、学生ボラである僕の予想です。

　「寒いし、中に入ろうよ」

　僕は、鬼の形相で足をベランダに擦り続けるマサシに、思い切って話しかけました。しかし、マサシは僕のことをチラリとも見ません。完全にシカトされた僕です。ガキの使いじゃないし、シカトされっぱなしでいるわけにはいきません。

　「一緒にやりたいことがある。中に入ろう」

　今度は、シカトされないように、しっかりとマサシの視野に入り込んで提案します。何を一緒にやりたいのかをベランダで説明するのは困難なので、とりあえず中に入るという提案を飲んでもらうことが先決です。好き嫌いは別にして、自分の家の中に入るという提案くらいは飲んでもバチは当たるまい。そういう勢いで僕はマサシに迫ります。実際、高校２年生の年齢ですから、そのくらいの提案には応じるべきだと思うわけです。僕は大真面目でマサシに迫ります。さすがにマサシもチラッと僕のほうを見ました。目が合うや否や、僕はマサシを寄り切りました。相撲では、『寄り切り』は土俵の外へ出す技ですが、このときは逆で、土俵

の中に入れる技として、僕は『寄り切り』を決めました。この寄り切り
で、ようやく、僕とマサシは同じ土俵の上に立ったのでした。こうなっ
てくると、さすがにマサシも僕のことをシカトできなくなります。

## マグロさん

　マサシと取っ組み合っている僕は、大学生のボラです。しかも、政治
経済学部の学生です。自閉症って何よ？　という状態です。しかし、不
思議な縁で、僕はマサシの家に上がり込んで彼と一緒に留守番をすると
いう役務につくことになりました。相手は養護学校という専門性の高い
教育過程にのらないは、日産サニーを破壊するはの強者です。しかし、
さすがの僕も、この役務に就くにあたって、情報収集くらいはしていま
した。事前に児童相談所職員と母さんから情報をもらっていた僕は、マ
サシついて多少は知っておかねばと思い、学校帰りに渋谷の書店に寄っ
たのです。何しろ、自閉症のことなんて何も知りません。そこで、とり
あえず背表紙に自閉症と書いてある本を探しました。結構あります。そ
の中に１冊、思わず手に取った本がありました。『僕と自閉症』（片倉信
夫、学苑社、1989年）という本で、小学校の頃僕が大好きだったヨコち
ゃんを思い出すような子のエピソードがたくさん書かれている本でした。
とにかく、対話の成立しない子どもたちとの間に人付き合いを持ち込む
ことを主題にした本だったと記憶しています。その本の最初のページで、
石井哲夫先生が、本に書かれているようなやり取りを「交流」と表現し
ていましたが、その交流が面白いと思わせるような内容でした。その本
の中に『マグロ』という課題を使って自閉症の子どもとやり取りをする
場面があります。難しいものではなく、仰向けに寝て手のひらをぺたん
と床につけ、脱力して動かずにいるというものです。
　（何とわかりやすい！）

僕は、早速マサシとの付き合いに使うことにしました。

　やる気というのは、やり始めてから出ることが多いものだと思います。これは、自分自身を振り返ってみればわかります。例えば試験勉強などというものは、最初からやる気満々で開始する人などいません。とにかくやり始めることが大事なのです。やってみて、ちょっとでも上手くいくと、やる気が出てきます。また、習慣にしてしまうことが大事だとも言います。

　マサシのやる気をあてにしなくても一緒にやり始められる課題として、マグロはちょうどよかったと思います。僕はマサシに、とにかく微動だにしないことを求めます。マサシはそれに応えて自分自身の身体の動きをコントロール（制止）させることに集中します。最初のうちこそスッタモンダしますが、やがて僕が何を言わんとしているのかは伝わります。これが、交流とかやり取りという言葉で表現されるものの原始的な実態です。この段階では、交流・やり取りを発生させることが第一義になります。交流・やり取りは、その課題ができるようになるとすぐに、少しずつ複雑かつ高い精度を求めるものに変えていきます。また、やり取りは日常生活にもどんどん反映させていきます。そうこうしているうちに、いつの間にかマサシが隣人として人間くさく思えてきます。もちろん、僕の思い入れもあるでしょうが、実際の行動面でそれは証明されていきます。話が通じるようになるのです。この段階に来ると、一緒にいても空しくないという実感があります。

　一緒にいて空しくない感じというのは、インクルーシブを進めていく上で必須の状態だと思います。一緒にいても交流している感じがしないと、そこに「いる」のが苦しいです。そういう状態では、インクルーシブな状態をつくることはできないでしょう。お互いに疲れてしまうからです。

もう一つ、マグロの効用があります。それは、集中力がつくということです。場面に集中する力がないと、学習は成立しません。それが確実に育ちます。人間には不随意な運動（思わず動いてしまうこと）がありますから、こいつをコントロールすることで学習能力が上がります。最近ではマインドフルネス*²などという言葉も聞かれますが、僕はむしろ、森田療法*³の「はからわず、あるがままに」という言葉が合うと思います。何か余計な刺激が入ってきたら、あるいは、余計なことが思い浮かんだなら、それはそれで放っておけばいいのです。世の中、刺激などいくらでもあります。いちいち反応していたらノイローゼになってしまいます。反応しなくていいものには反応しません。むしろ、今、ここにいるということに集中します。そういう弁別処理能力をその子なりに発達させようという考え方が大事だと、僕は解釈しています。知的に軽度の子や、知的障害のない発達障害の人などには、セルフでやることもお勧めしています。勧められてやってみた当人たちに感想を聞くと、とても調子がいい、落ち着ける、などの感想をもらうことが多いので、人によってはそういう効果があるのでしょう。

## やり取り

　マサシが僕に寄り切られ、マグロさんに取り組んでみると、意外とやり取りになってきました。そうなってくると、徐々に細かなやり取りをすることもできるようになっていきます。マサシは、言葉で話すことも可能です。文字だって書けますから、僕は、いつまでもマグロではなく、

---

＊2　仏教の瞑想がベース。1979年にジョン・カバット・ジン（マサチューセッツ大学教授）が西洋科学と統合し、マインドフルネス瞑想を開発。日本マインドフルネス学会では、「"今、この瞬間の体験に意図的に意識を向け、評価をせずに、とらわれのない状態で、ただ観ること"」と定義している。
＊3　1919年に精神医学者の森田正馬により創始された神経症に対する精神療法。

言語でのやり取りをし始めます。そのほうが、抽象度が上がり、セルフコントロールについて日常生活に応用がきくようになるからです（ちなみに、対象者に発語がなくても、それなりに、日常生活に汎化していきます）。

僕には、足擦りの世界から脱出して、僕と留守番するようになったマサシと、是非話し合わなければいけないと思っていることがありました。それは、マサシがサニーの屋根に乗ってジャンプする件についてです。

「サニーの屋根、乗っていい！」

マサシの挑戦的な発言が、僕に向けて放たれます。

「だめっ！　ぜ～ったいだめっ！」

負けじと僕も返します。日産サニーに何の恨みがあって、そんなことをするのか知りませんが、絶対に許さないという覚悟です。お互いの視線がバッチリ合っています。暫し睨めっこ。やがて、マサシがニヤリとします。睨めっこの火花がスパークしていても、僕の側に空しさがありません。マサシもそうだったかもしれません。

それ以降、僕がボラを卒業するまで、母さんからマサシがサニーの屋根に乗ったという報告を受けることはありませんでした。

あるとき、母さんの都合で、マサシはK学園（児童入所施設）に1週間ほど入所しました。マサシがその短期入所を終え、家に戻ってきた直後、僕の訪問日がありました。

「マサシ、おかえり」

僕は声をかけます。マサシは、机に向かって何かを書いています。僕は、また電車関係のことを書いているのかな、と思ってマサシのノートを覗いてみたところ、びっくりしました。そのノートにびっしりと「K学園」の文字が書き込まれていたのです。いくつのK学園が書き込まれているのか、数えることも困難なほど、余白なくびっしりとです。

僕はＫ学園がどんなところなのか、今でも全く知りません。ですから、当時のその施設について、善し悪しの判断はできません。ただ、その文字群にマサシの怨念がこもっているというか何というか、おどろおどろしいノートになっていたのは事実です。僕は、恐る恐るマサシに訊いてみました。

　「マサシは、Ｋ学園のこと、好きなのか？」

　「キライッ！」

　即答でした。我ながら、愚かなことを訊いたものだと反省した僕でした。

　（これは、僕の力量を超えた案件だな……）

　僕は、それ以上マサシとＫ学園のことを話すことを避けました。


## よく頑張った！

　その日、僕はいつものようにマサシとの留守番を終えると、急いで帰ってきた母さんの軽自動車に乗りました。いつもは自分一人で帰るのですが、今日はマサシも含めて一緒に食事をしようという話になったのです。僕は想定外のお誘いを断ることもせず、軽自動車に乗り込みました。

　僕が児童相談所の有償ボランティアを続けられるのは、学生時代のみです。つまり、マサシと僕との関わり合いは、比較的近い将来に End があるということになります。そして、その日は来ました。マサシにしてみると唐突だったと思います。僕は、どんな言葉でマサシにそのことを説明したのか、覚えていません。しかし、母さんが気を遣って、食事の提案をしてくれたことははっきりと覚えていますし、軽自動車の中で待っている自分のことも記憶しています。

　母さんは出発の準備を整えて、忙しくマサシを呼びに戻りました。母さんは、マサシがお別れの食事会に参加すると確信していたようでした。

しばらくすると、母さんは一人で軽自動車に戻ってきました。

「すいません。あの子、家から出てこないんですよ。こういうときに限って……」

マサシは、耳を塞いでしまって、母さんの声を聞こうとせず、家を出てこなかったのです。マサシが何を思ったのか、僕にはわかりません。

僕はすでに、マサシにボランティア終了の説明と挨拶を済ませていました。そのときのマサシは、小学校時代のヨコちゃんみたいな、困惑した顔をしていました。食事の提案をしてくれた母さんは、非常に残念そうでしたが、僕はその件を丁重にお断りして、駅まで送ってもらうのみで失礼することにしました。

帰りの車中、僕は母さんから、短いボランティア期間の様子を色々と聴き、マサシの心の内を想像しました。そして、こんなことを考えました。

（善し悪しは別にして、僕の役割は、マサシと社会との間を取り持つ接続詞みたいなものだったのかもしれない）

接続詞には、「累加」「選択」「順接」「逆接」という、接続対象への判断や態度決定を促すような役割があります。マサシが社会と直面しているときに、接続詞のように彼の意識に入り込み、その意味を一緒に考え、態度決定をするときの助力になっていたのかもしれません。

軽自動車が駅の前に着き座席から降りるとき、僕は心の中で「マサシ、よく頑張った！」とつぶやきました。


## 5. 融合したい側の事情

### インクルーシブ戦略

インクルーシブ（包含・包摂）という言葉を辞書で引くと、「（論理学で、）ある概念が、より一般的な概念につつみこまれること。特殊が普遍

に従属する関係」(デジタル大辞泉)と出てきます。

(トクシュがフツウに従属する?)

なんだか納得がいきません。

僕は普段から、「特殊だと言えば誰だって特殊だし、普通だと言えば誰だって普通だ」と言い張っています。ですから、従属などという縦関係を連想させる単語が出てくると反射的に反発してしまうのです。しかし、辞書の説明前半の『概念』という言葉を使った説明は、わかります。より一般的な概念で包むという考え方には賛成ですし、それが理想だとも思います。

そこで問題になるのは、たまたま特殊とされる立場にいる人の事情です。特殊の程度が甚だしかった場合、それを無条件に包摂するほど世の中は寛容ではないですし、それを期待していたら本人が生きているうちに社会参加して、それなりにいい人生だったと思えるような機会を得ることは、夢のまた夢になってしまいます。再三にわたって言うように、僕らの任務は夢想することではなく、実現することにあります。俟しく現実的な夢であれば、夢のままで終わらせたくはありません。夢を現実に近づけるためには、対象者に使いこなせるような戦術が必要になってきます。

真に使える戦術は、日常生活の中で形として現れるものです。僕は現場の人間ですから、日常生活を描くことで、それを表現するべきだと考えています。以下に、経験に基づいてつくった仮想事例として、それをまとめてみたいと思います。


## 訓練と意図性

8年間で110名。僕らの小さな支援施設を経て、企業に就職した人たちの数です。単純に計算すると、1ヶ月に一人が施設から社会へと巣立

っていく計算です。僕らのような役割を果たしている、ないしは期待されている施設は『通過施設』『中間施設』などと呼ばれることがあります。その呼び名の通り、多くの人が、そこを通過して行きます。同じくらい多くの人たちが、企業就労したいという夢を持って僕らの支援範囲に入ってきます。そして、夢を叶えるべく実社会へと出ていきます。その様相は、慌ただしいと言えば慌ただしいのですが、その関わりは、「通過」とか「中間」という語感からは想像できないほど濃密です。

　就職を目指すときの第1科として、挨拶・お礼・謝罪ができるようになることをあげる支援者は多いものです。なにしろ、この三つのできが、第一印象を決めてしまうからです。中でも、朝一番の「おはようございます」が言えるようになることを最初の目標にするのは、ポピュラーな指導計画です。

　もちろん、それはとても大事なことなのですが、あまりにもよくある課題なので、支援する側も当人も、そのことが対象者の人生における何をどう豊かにしていくのかについてイメージすることをおろそかにしていることが多いと思います。考えてみれば、これはおかしなことです。例えば、ナイフの使い方を教える場合、料理することをイメージするのか、人を傷つけることをイメージするのかで、創造と破壊という正反対の結果が出るはずです。同じように、どういうイメージで「おはようございます」と言えるようなスキルを身につけてもらうのか、それを考えずに教えていても意味がありません。仏作って魂入れずになってしまいます。これは、どんな学習でも同じことです。意図を持って教えなければ、単なる蘊蓄小僧の育成にしかなりません。支援者も教育者も、対象者が『主体的に生きていく力』を育むことを目的とするのであれば、その意図を意識に上らせておく必要があるのです。そうしないと、教えるという手段がいつの間にか目的化してしまうでしょう。これは、プロと

して最も避けなければいけない事態です。

## あいさつテロ　〜大吾の事情〜

大吾は元気な青年です。『重度判定』というものを持っていますが、本人は、「ジュウドハンテイ？　何のこっちゃ？」という風情です。

「おはようございます！」

と、今朝も元気に彼の挨拶が響きます。それはいいのですが、困ったことに、彼は出会った人すべてに挨拶をします。それを「分け隔てなく」と規定すればいい印象になりますが、「誰彼かまわず」と規定するとテロリストみたいな印象に変わります。当然、テロリズム挨拶は、一般社会では歓迎されません。ということは、この現象は大吾の幸・不幸を分ける一里塚にもなり得ます。

大吾の場合、知人であれ赤の他人であれ、道行く人々すべてに挨拶をしてしまいます。僕などはこの状態を見ると、個人的には嬉しくなってしまいます。

（まことに、平等な精神でよろしい）

とか言って、ニヤけてしまうのです。しかし、一方で僕にはプロとしての役割もあります。僕の給料は、プロとしての役割を果たすところから出ていますから、これを忘れるわけにはいきません。プロとしては、大吾や大吾の母さんから聴いたことから推察する彼の夢を叶えたいのです。その夢とは、社会人として職を得て、そこで仲間と関わり合いながら、さらに成長しつつ暮らしていきたい、という慎しい夢です。僕らから見ると慎しい夢ですが、幼い頃から、その夢に向かって特別支援という範囲を歩んできた親子にとっては、遠大なロマンかもしれません。ときにてんかん発作で倒れながら、ときに蹴飛ばしたり蹴飛ばされたりしながら、ときにクラス内で突出して能力が低いと言われ、ときに自分の

拳で自分の顔面を殴ってあざをつくったりもしながら、今、僕らの支援範囲にいるのです。

　さて、この大吾側からみると、アイサツって何よ？　という話になります。問題の挨拶は、「わけへだてない」精神なのか、それとも「誰彼かまわず」やっていることなのかが問題になります。そこを共有しないと、プロとして大吾の側には立てず、彼へのアプローチは決まりません。僕の見立ては、「大吾のそれは、意図的ではないものの、結果的に『誰彼かまわず』になってしまっている状態だ」となります。もちろん「わけへだてない」精神でもありません。現状では「わけへだてなくならざるを得ない」ということです。これは、様々な日常生活場面を共有してみればわかることです。

　人間の認識能力は個々に違います。その基本は、見分けたり聞き分けたりする力です。分けることはわかることに通じます。『わかる』と『できる』に一歩近づきます。大吾の『分ける能力』がどの程度のものなのかは、日々の付き合いで意識的に確認すればわかります。あるいは、知能検査の結果などからも推測できます。そこから判断して、僕らの大吾への見立てが導き出されます。適時・適切な相手に・適切な形で挨拶できるような力が育つことは、大吾に見分け聞き分け判断をする力が育つことと並行して進みます。観たところ、大吾の見分け聞き分け能力と、それに基づく判断能力は、まだ伸びます。従って、ここを伸ばすべく考慮しながら、大吾との日常の付き合いをしていくというのが、僕の見立てと方針になります。

　成長・発達したくない場合は別として、教育・訓練の工夫をすれば伸びるものをそれをせずに伸ばさずにいるということは、指導者側の無為無策であり、それは怠慢か無力を証明する態度です。

## たて前と本音　～社会の事情～

　一方、社会の側からみると「大吾の挨拶攻撃をも包摂せよ」という意見が、たて前としてはあるかもしれません。ただし、そのたて前は本音とかけ離れすぎています。本音としては、「何かヘンな人だな……」というのが主流であり、大吾がそれを感知して、自分の行動を変容させたほうが、遙かに効率よく彼自身の夢に到達するはずです。そもそも、大吾自身の満足度だって、そっちのほうが上でしょう。

　先にも書いたとおり、僕らはプロです。夢想家でも革命家でもありません。僕らの任務は、大吾が生きている時代を一緒に過ごす隣人として、大吾が幸せを感じられるようにすることです。僕らの支援方略は、この任務を全うするためのもの以外の何ものでもないのです。従って、無差別に挨拶する大吾について「ヘンだと思うなかれ」と世の中に働きかける作戦は、優先順位としては低く、あったとしても暫定的なものでしかないのです。

## 指導の見立て

　さて、当の大吾ですが、母さんが困った困ったというものですから、無差別挨拶のおかしさについて、薄々気づいているようでした。僕は大吾が眉をハの字にしている様子を見てこう思います。

　（こりゃ、筋がいいや）

　大吾は、小さい頃から、知的障害というだけではなく、我関せずのマイペース自閉症だと言われてきました。僕もそう思います。しかし、そうは言っても人の子です。思春期以降の彼は、「もしかして、僕ってヘンなの？」という悩みをそれなりに持ちます。かく言う僕だって、最近でこそすっかり諦めてしまったものの、お年頃の最中は「もしかして、俺はヘンなのではないか」と、かなり気にしたものです。

46

（母さんが手塩にかけて育てた大吾が、それなりにそういった悩みを抱えているのは当然でしょ……）

僕は、自然とそう考えてしまうのです。その推測に基づいた見立ては、以下の通りです。

①大吾は、母さんが悩んでいる「無差別あいさつ」という課題について、なんとなく共有している。

②大吾には、大吾に適した教え方をしてもらえれば、ほどほどの挨拶ができるようになる素質がある。

③大吾の挨拶が無差別になってしまうのは、大吾の意図するところではない。

④大吾は、歓迎される挨拶と、敬遠される挨拶の判別がつかないから、「無差別あいさつ」を繰り返してしまうにちがいない。

⑤従って、大吾にその判別（弁別）のポイントを教え、訓練することは、大吾が社会の中で豊かに発達していく条件を整える大切な作業になる。

⑥だから、僕らが大吾にそれを教える。『時と場所と行為をワンセットで教える→そのバリエーションを増やす→前のバリエーションと今のバリエーションが、あいまいな境界をもちながら連続していること（スペクトラムであること）に気づかせる』という手順で教えていく。

⑦その結果、大吾はそれなりに平均的な挨拶ができるようになる。その効果は挨拶だけにとどまらない広がりをもつはず。

この見立てが現実になるためには、大吾にこの件をコーチする人と大吾との関係がとても大事になります。それ抜きに語られる教育論ほど白々しいものはありません。僕らは大吾に白々しくない指導や支援をす

るためにも、物は意識するけれど、人を意識しない傾向のある大吾に、コーチングする人を意識させることが必要になります。支援者になる人は、最初のうち大吾から煩いと思われるかもしれません。しかし、大事な共通の目的があってやることなので、そこは折り合いをつけてもらうという強い意志が必要になります。その強い意志と見立てに基づいて、やり方が工夫されるようでなければいけません。

　社会に通じていく有効な処世術は、常にこういった人間関係を軸に広がっていきます。そうでなければ、社会の中に役割を得て、やりがいを感じつつ、幸せを感じることができるようにはなりません。


## 分かち合うこと

　僕は、『人の精神や人格の発達＝認識能力の発達×人や社会との関係発達』だと思っています。認知・認識能力の発達と関係発達は同時並行で相互に強く影響し合いながら進んでいくものですから、どちらも等しく重要です。ただし、大吾の特性として、人を意識しにくいという点があります。意識しにくいというのは認知特性であって、好き嫌いの問題ではないと考えます。僕の脳裏を小学校時代のヨコちゃんが過ります。僕らの教室で僕らと同じ空間と時間を共有して、ちょっとホクホクした後ろ姿で廊下に出ていくヨコちゃんは、なんとなく幸せそうでした。

　（場を分かち合う体験が、大吾にも必要だ）

　小学校時代のヨコちゃんを思い浮かべながら、直感的にそう思うのです。ヨコちゃんと比べると、明らかにロースペックな大吾ですが、僕らは諦めません。なぜなら、僕らはプロですから。

　大吾は、ヨコちゃんと比べて、人とのやり取りにおける粘り強さに欠ける面があります。大吾と対面していると、僕ではなくて僕の遥か後方か、ないしは近すぎる位置にあるものに彼の注意が向いているのを感じ

ることがあります。感じるだけではなく、実際そうなのです。この状態は、場を分かち合う体験を積み重ねるときに、最大の妨害要因になります。こちらが意図するところを大吾に認識してもらわないと、相互関係ができません。その状態では、分かち合うもへったくれもなくなってしまいます。プロとして、大吾相手に独り相撲を取るわけにはいきません。一刻も早く、同じ土俵で相撲を取れる仲にならなければいけません。

　大吾は、小学校低学年時代に、視覚化されたスケジュール提示によく馴染む子でした。そういった物（ツール）を使っていると、その限りにおいては、周囲の大人から大吾への伝達は、そつなくこなせたようです。ただしこれは、単に記号的な情報伝達という限りにおいての話です。これを機械的に繰り返しているだけでは、場を分かち合う感覚の基になるような、他者の行動に潜む意図を把握する力は育ちません。

　経験的に言って、記号的情報伝達のみの交信は、やり取りでも相互関係でもなく、彼が社会との関わり合い方を学びうる交流にもなりません。ということは、大人がその方法に頼りすぎることによって、元々ある『対人よりも対物』という傾向が、より一層偏った形で発達する可能性があります。

　ある高齢者施設では、利用者の機能低下を防ぐために、あえて段差を設けているそうです。「バリアアリー」という素敵な呼び名が付いているのですが、同じようなことが、自閉症児や知的障害児の育ちの過程にも言えます。情けが仇になるというやつで、当座をしのげる便利なツールに慣れすぎて、育てようと思えば育った能力を身につける機会を逃し、対人関係発達を置き去りにしてしまうことがあるのです。これに当てはまる人は非常に多く、おそらく、大吾もそれに当てはまると僕は見ました。しかし、僕らは諦めません。今僕らの支援範囲にいる大吾は18歳です。まだまだ育つ年齢です。

（今からでも遅くはない）

僕は、そう思いました。

## 対人関係指向

まず、手をつけなければいけないところは、大吾の対物優先指向です。対物優先指向の段階にあると、社会的な判断ができないからです。社会の主役は人ですから、基本的には物よりも人を優先して考えるべきです。

大吾は、自分が行きたいところへ行くとか、やりたいことをやる場合、精巧なカーナビみたいに計画的に動きます。昼の1時に横浜駅へ行って、シウマイ弁当を食べて帰ってくると決めたら、それは間違いなく計画通りに実行されます。また、自分の行きたいところへ行くために、時間を捻出することもできます。出先から帰る前に、母さんに電話連絡（帰るコール）をする約束になっているのですが、この帰るコールを意図的に遅らせ、稼いだ時間で寄りたい駅に寄ってから帰ってくるなどという高度なテクニックも駆使できます。重度判定を持っているとはいえ、侮れないのです。しかし、母さんは嘆きます。

「そんなところばかりに知恵が回るけれど、肝心なときにそれを使えない」

と言います。「肝心なときにだめだ」というのは、企業実習のときや、日常生活の中で融通が利かないことを指しています。融通が利かないというよりは、どこに対して融通を利かせればいいのかという対象がわからないというほうが、大吾の実情に近いのでしょう。社会性がないというのは、まさに、このような状態を言い表す言葉です。母さんが頭にくるのもよくわかります。精巧なカーナビであれば、到着時間を後ろにずらした結果、到着地で待つ母さんがどう思うのかがわからなくても仕方ありません。しかし、大吾は主体性を持った一人の人間なのですから、

カーナビにない機能を求めたくなる母さんの気持ちもわかります。母さんと大吾は昨日今日の仲ではないのですから。

思春期になって、このような形の発達遅滞があり、周囲となじめなかったり、場面を共有できなかったりする青年はとても多く、大抵本人も困っています。言葉のある人やIQの高い人であれば、大体「コミュニケーションが苦手なので、なんとかしたい」という訴えがあります。大吾にはそういう表現能力がないのですが、愛されて育ってきた彼には言語化されなくても豊かな世界や相応の悩みがあるはずです。と言いますか、彼の困り顔を見ていると、そう思わざるを得ないのです。プロとしては放っておくわけにはいきません。

大吾が世の中を社会的な文脈で認識し、捉えられるようになるには、彼が経験したことについて、誰かが彼と一緒に社会的な文脈に沿った意味づけをしなければいけません。社会的な文脈には、必ずと言っていいほど対人関係が含まれています。ところが、大吾はあまりそこを意識しません。しかし、就職して職場でそれなりに活躍したいとは思っているのです。だったら、対人関係についての意識を変えろということになってきます。

対人関係をほどほどに意識してもらうには、対人関係を軸にした生活を繰り返すことが必要です。そのニーズに、これまで大吾と関わったプロたちは応えてきたのでしょうか。彼の支援者たちがこれまで彼に使ってきた、視覚的に整理されたスケジュールボードを否定するつもりはありません。僕たちも、込み入った事情や予定を対象者に伝える際には、大いに活用します。しかし、それは手段であって目的ではありません。これは、『発達障害者支援あるある』なのですが、そのようなツールを使うことに酔いしれている支援者は、対象者に『スケジュールボードをトレースすること』が目的だと勘違いさせるような、支援擬きを行ってい

ることが多いと思います。大吾もそこにはまっている雰囲気がありました。伝えたことはやるけれど、なんだか意味を伴っていない。だから、ちょっと変化すると全然対応できない。パニックになったり固まったりする。そういうときは、僕はこの『支援あるある』を疑います。そもそも、意味理解が弱いのなら、なおさら意味を伝える努力をしなければいけません。スケジュールボードを使えば使うほど、本来の意味から遠ざかり、行動が形骸化していくと感じたら、それは即座に考え直すべきです。

　僕らは、大吾についても即座に考え直すべきだと判断しました。大吾の担当は石田君という若い職員です。石田君は、最初の最初に、大吾に重要な説明をしました。社会参加に向けての心構えです。イロハのイにあたります。

　〈思い通りにならなくても、物や人にあたらないこと！　自分のことを自分で殴るのもなし！〉

　「はい……」

　石田君は大吾との間で、支援前の約束事を伝えます。これを『事前の警告』と言い、『事後の反省』と同じか、それ以上に大事なことになります。口頭で伝えるだけでは心もとないので、大吾らしきキャラクターがジタバタしている絵とか、自分で自分をぶん殴っている絵なども描いて見せます。さらには、その結果孤立してしまう落ちまでつけて説明をします。心当たりのある大吾は、ちょっと情けない顔をしています。以降、大吾が不穏になったら、すかさずその絵が登場してきて、大吾の頭に、社会人としてのイロハのイが想起されるようになります。

　このように、大吾は、言葉でのやり取りではわかりにくいことであっても、もう少し実物に近いシンボリックな形で説明されると、ストンと理解できることがあります。よく、障害の厳しい子に対しては、「その子語で話せ」と言われるのですが、今の大吾にとっては、これが『大吾語』

になります。そして、これを少しずつ一般的な言葉に近づけていくことも、その人なりに可能なのです。そうなってくると、指導したことがその場限りではなく、長期間に亘って把持されるようになります。また、場面が変わっても、人が変わっても、その教えを主体的に戦術として活用し、自分の生活に役立てるようになっていきます。大吾もそうでした。

　大吾と一緒に過ごしているとわかるのですが、彼がいらついたときに貧乏揺すり風の動きが出現します。それが出現すると、間髪入れず、担当の石田君は大吾を座らせ説明に使った絵を彼に見せます。

　「どうなるんだっけ？」

　と、大吾は問いかけられます。これを他問自答と呼び、自問自答の前段階にあたります。他問自答により、支援者が思考と判断の何割かを受け持ってあげるのです。これにより、大吾は最終的な判断を誤ることなく下すことができます。かくして、大吾はジタバタしそうになるとハッと石田君から受けた説明を思い出し、とりあえず落ち着いて、次の作戦を誰かと一緒に考えるという手順を覚えます。こうなってくると、彼の社会生活は結構リアルに想像できるようになってきます。

　対象者が他問自答の段階にある場合、社会性の発達が遅れている人であればあるほど、支援者が問いを受け持つ割合は大きくなります。初期的な段階では、99％支援者が受け持ち、最後の１％を本人が行うというケースもあります。場合によっては、本人のやる気をほとんど当てにしなくても、本人が正しい判断と実行をするに至るような設定で付き合うこともあるということです。もちろん、いつまでも本人１％ではなく、本人の成長に合わせて支援者側のパーセンテージを漸次減らしていきます。いきなり正しい判断ができるようになり、自由を獲得できる人間などいません。皆、大吾と同じように場数を踏み、周囲の人と判断を分かち合いながら、正しい判断力をつけ、自由を獲得していくのです。大吾

だって特別なことなどありません。ただし、関わるプロは、丁寧にその
プロセスを支援するというところをケチってはいけません。

　大吾の誕生日に、担当の石田君は大吾をつれて晩ご飯を食べに行きま
した。晩ご飯と言ったってファミリーレストランです。大層なものでは
ありません。そこで、石田君はメニューを大吾に渡し、大吾自身が食べ
るものを大吾に選んでもらいました。ファミレスのメニューは、写真が
豊富に使われているので、大吾向けではあります。しかし、そこに落と
し穴もあります。大吾は迷わず一番大きな写真の料理を選びました。と
ころが実際に出てきた料理を見て、明らかにがっかりした表情になって
しまいました。しょぼくれた大吾に、石田君は言いました。

　「写真みたいに大きいのが出てくると思ったろ？」

　大吾は忸怩たる思いでコクリと頷きます。

　「写真が大きいからって、料理のサイズも大きいわけではない。まあ、
こういうこともあるさ。いい勉強になった！」

　石田君は笑って大吾を諭しました。昔の大吾だったら、思ったよりも
小さな料理を見た瞬間に、何も考えず自分の顔面を殴っていたでしょう。
今の大吾は違います。残念そうな顔をしながらも、おいしく料理を食べ
ることができます。そして、次の機会では、きっと写真のサイズは参考
にせずに、料理を選ぶでしょう。大吾は、そうやって、一つひとつ自由
を獲得していくのです。


## 特殊教育とノーマリゼーション

　ここで、前項にあげた、大吾がはまったスケジュールボードの活用に
ついて考えてみたいと思います。

　僕の手元に、三木安正という人が1970年代に書いた本があります。
『精神遅滞者の生涯教育』（日本文化科学社）という本です。この本は、

いつまでたっても、古本屋送りになりません。なぜなら、その内容が、僕にとっていまだに新しいからです。

　三木先生は、その本で大事なことを述べています。古い本ではありますが、内容は核心を突いていると思いますので、引用します。


　　普通、経験するということは、見たり、聞いたり、試したりすることであると考えられているが、経験するということは、そうした見たり聞いたりしたことに自我とのかかわりができるということである。単に見たり、聞いたりしても自分とのかかわりが薄く、右から左に抜けていくようなものなら経験とはならない。従って精神遅滞児の場合、見たり聞いたりしたものを自我と結びつけていくエネルギーが少ないので、経験の蓄積も大きくなっていかないし、自我の発達もなかなか進まないわけである。

　　そうしたことで精神的働きの分化が進まないとともに、外界の刺激に対する耐性が弱いということも考えられる。いわば精神的働きの分化が進んでいかないということは、多様な領域からの刺激が受け入れられないとともに、その働きの底が浅いので、表面的なところで受け止めてすぐ反応してしまう。働きの層が薄いので、がまんをしたり相手方の立場を考えるというようなことができないといってもよいであろう。そこに情緒不安が起こりやすいわけがある。
（中略）

　　したがって、彼らの精神的成長を助長していくためには、彼らのエネルギーに応じた刺激を与えていく必要があり、それは強すぎるものでもなく、弱すぎるのでもないものでなければならない。彼らの教育のためには、そのようなコントロールのできる教育の場を作ることが大切なので、それが特殊学級であったり、養護学校であっ

たり、福祉施設であったり、コロニーであったりする。いたずらに
ノーマリゼーションとかインテグレーションということを強調する
のには賛成できないのである。

三木（1976）pp.75-77


　三木先生は、ノーマリゼーションもインテグレーションも、推し進め
るべき実践思想だと思うからこそ、その具体的な進め方を考え、このよ
うな文章を書かれたのだと、僕は解釈しています。単に刺激に対して反
応するというだけではなく、また、情報の入力過程を整理するというだ
けでもなく、他者や社会との関わり合いの中で目的や意図を認識し、深
め、経験知を少しずつでも抽象化して、戦術として活用しながら行動で
きるようになっていくという『人間的成長のための教育』を目指してい
たものと思われます。
　引用文から、三木先生は、ノーマリゼーションやインテグレーション
を進めるために、段階的な環境調整をして、子どもたちの発達を保障す
ることの重要性を述べています。大吾が少年時代にはまったスケジュー
ルボードもその概念に含まれるように思えます。しかし、そこに三木先
生の言う「人間的成長」を「段階的に深めていく」という大切な意図が、
どれほど意識されているのかと考えると、心許ない感じがします。段階
的に人間的成長が深まる過程で、その人に必要とされる環境調整の幅は、
平均に近づいていきます。本人の自信と誇りの根拠が、その過程にある
ことは多いものです。大吾の療育に使われたスケジュールボードについ
ては、そのような意図を持って運用されていたのかどうか、今となって
は確かめようがありません。しかし、結果的に、大吾が僕らの支援範囲
に入ってくるまでの間、彼はスケジュールボードに支配されているよう
な状態であったことは事実です。皮肉なことに、それが障害で彼の社会

参加は進まなかったのです。

　『精神遅滞者の生涯教育』が新刊として書店に並んでいた時代は、日本で「ノーマリゼーション」という言葉が認知され始めた時期と重なります。僕が小学校で、特殊学級のヨコちゃんたちと過ごしていたのは、ちょうどその頃のことでした。当時、30年後になって出てくる「インクルーシブ」という言葉は、まだ見知らぬ外国語でしかありませんでした。

## 6．プロの葛藤　〜セパレートとエクスクルージョンの世界にて〜

### ルーチンワークとソーシャル・ケースワーク

　ルーチンワークという言葉があります。大人はよく、この言葉を使います。健康な生活の基本は快食・快眠・快便ですから、人の生活を成り立たせているルーチンワークは、このことに関連した作業群です。ところが、何らかの理由によって自分自身でこの作業群をこなせない人たちがいます。理由は様々です。よく思い浮かぶ理由は、高齢になって機能が低下したため、これがこなせないというような理由です。ところが、高齢でも身体障害でもないのに、これがこなせないという不自由を抱えている人たちがいます。

　ルーチンワークを「つまらない作業」という意味で使う人もいるようですが、それ自体が役務になっている場合もあります。僕がいまだに携わり続けている障害福祉の分野でも、日常生活を共にする（と僕は思っている）入所施設などは、その典型かもしれません。

　僕は、年齢的には大人になり、就職しました。そこにたどり着くまで、自分の就職先をどこにするのかで、相当悩みました。今現在、人の就職を支援する立場にいるのでよく解るのですが、自分に何ができるのかと

いうことと、何をしたいのかということとの間に葛藤が生まれます。可能性と価値観の相克に悩むわけです。結果的に僕は、知的障害の人たちを支援する社会福祉法人に就職することにしました。そして、その最初の職場は、自閉症や強度行動障害の人たちの割合が多い『入所更生施設』でした。

　僕が学生時代にやっていたことと言えば、学生としての勉強と、スポーツと、アルバイトと、この本で紹介してきたような、障害を持つ人を対象にした有償のボランティアです。言語化できているかどうかは別として、僕はそれぞれから、多くのことを学びました。アルバイトではお金も稼ぎました。稼ぐためには何が必要なのかということも学びました。就活中の僕は、それらを総合して考え、悩んでいました。

　（自分に何ができるのか……）

　必ずしもいいことだとは思っていませんが、僕は当時から、数値化できるものにあまり興味がありませんでした。数値を絶対化して判断することができない性格なのだと思います。生来心の赴くままに動きがちで、それがいいこともあれば、致命的になることもあります。就職活動をしていても、その傾向は強かったように思います。だから、「バカだ」とよく言われますし、自分でもそう思います。

　どこで探してきたのか、今となっては思い出せませんが、その日僕は、1枚の求人票を見て、そこに応募したいと思い、電話をかけました。電話の先は、ある社会福祉法人でした。

　「応募したいのですが」

　僕が学校名と学部と名前を告げると、電話を受けた担当の方が、呆れた声でこう言いました。

　「なんで、うちに？」

　売り手市場と言われる中で、大学の政治経済学部に在籍していた僕が、

主に知的障害の人たちを支援する社会福祉法人の現場指導員として就職するということは異例だったようです。

若い僕は、あきらかに意気込んでいました。

（マサシがノートいっぱいに書き連ねていたK学園とは何か）

そんなことも、僕の頭の中に引っかかっていたのかもしれません。また、施設というものが持つ可能性に期待をしていたのも事実です。これは、今でも変わらず考えていることです。だから今でも僕は、諦めずにコツコツと、施設職員の研修を引き受けたりもしているのです。

施設という建物の中は、日常でもありますし、その先を目指すための時間でもあります。ケースバイケースですが、職員は、その両方を念頭に置いて、そこにいる人たちと一緒に、そこに流れる時間と場面と判断を分かち合っていくべきだと、僕は思います。なぜなら、そんな濃密な時間を過ごす経験は、将来自立の範囲が広がれば広がるほど、求めても得られなくなるからです。

話を僕の就活に戻しましょう。

自分自身を後悔と失意のどん底に陥れることのある、僕の無鉄砲な性質は、今よりもはるかに色濃く、このときも後先を考えていませんでした。何社かからもらっていた内定を蹴散らかして、閃光の如き早さで僕はそこの面接を受け、採用されました。

「君はまだ若いからわからないんだろうけど、そういう仕事は、ある程度社会経験を積んでからだってできる」

という、もっともな助言もたくさんいただきました。しかし、バカは急には止まれません。

配属先は、多くの強度行動障害と分類される青年たちを24時間365日ケアする入所更生施設でした。

「大変だねぇ」

と多くの人が言いました。

「いえいえ〜」

と僕は答えます。しかし、心の中では（実は願ったり叶ったりですよ）とつぶやいていました。

そうこうしているうちに、僕は現場の渦に突入していきます。入所施設では、色々なことが起きます。そこに流れる時間は、超がつくほど濃密なものになり得ます。

（なり得ますってなに？）

と違和感を持った人は、いいセンスをしています。なり得ますと言う以上は、同じことやっていても、薄く希釈されたような動かない時間にもなり得るわけです。

僕が濃いの薄いのと言っているのは、そこでの目に見える役務である『日課を回す』というルーチンワークのことについての話ではありません。施設内に10ヵ所以上もあるトイレを、詰まりを直しながら掃除して回ることとか、洗濯物を出し入れすることとか、衣替えの時期にタンスの中身を入れ替えて回ることとか、みんなが就寝した後に、厨房からボイラー室に至るまで、建物のすべてを見回ることとか、公用車の洗車をするとか、そういった作業はいくらでもあります。

駆け出しの指導員にとって、ラバーカップとデッキブラシを担いで現場（トイレ）へと急行し、その作業中に返ってくるお釣りを避けたり避け切れなかったりしながら詰まりを直し、便器をきれいに掃除して回るなんてことは、日曜日の勤務における基本中の基本でした。ちなみに僕は、トイレの詰まりを直すのは得意なほうなので、「今日は、トイレの詰まり、４ヵ所も直したぜ！」という爽快感も、あるにはあります。そういう日常的な作業を蔑ろにしないことが前提ではありますが、うっかりすると、支援者はそれらの作業に忙殺されます。それが支援だと錯覚し

ます。つまり、ルーチンワークに飲み込まれてしまうのです。僕の言う濃密な時間というのは、断じてそういうことではないのです。プロに必要なのは、ルーチンワークを飲み込んでソーシャル・ケースワークすることです。

　ソーシャル・ケースワークとは、対象者が個別に抱えている社会生活上の困難に合わせた対処をする仕事です。一方、ルーチンワークである日常生活作業は、生きていく上でとても大切です。ですから、トイレ掃除はしますし、トイレが詰まっていたら、放置せずに直します。ただし、僕らはそういった日常に溶け込みつつも、一つひとつの営みをルーチンワークで終わらせず、ソーシャル・ケースワークに結びつけていくぞ、という目的意識が必要なのです。さらに、その目的を達成するには、個々人に精通する専門性が必要になります。ですから、僕らの仕事においては、ライセンス不要のルーチンワークがプロの技に化けることは、たくさんあります。しかし、たくさんあると言ったって、一つひとつ個別事例になるので、量的には『少数派』です。「エビデンス・ベースド」という言葉がハエのようにブンブン飛んでいる最近の世の中では肩身が狭かったりもします。


## ハアク勤務

　「時間をつぶす」という表現があります。僕がこの言葉を聞いて思い浮かべるのは、入所施設の日曜日です。とりわけ、昼すぎの時間帯。平日に職員の数を確保する関係で日曜日の職員数は少なくなります。その職員数で施設内に残って過ごす利用者を支援するのは、数字上大変です。「身動きがとれない」という話になってきます。そんなこんなで、重度・最重度の人たちを対象にした入所施設の日曜日は、とにかく時間が過ぎません。

僕は、通算すると結構な年数を入所施設で過ごしています。その経験上、上記の事情がよくわかります。

　そんなある時期、僕が務める入所施設に、帰宅できずに残っているいつものメンバーがいました。最重度かつ状態の悪いこのメンバーには、「ハアク」と呼ばれる貼付きの職員が特別に配置されます。最近の施設では「見守り」などと換言される場合もあります。言葉は置き換えられていますが、内容は30年間変わっていないでしょう。もちろん、彼らの身の安全を確保するために、手薄な体制であっても、そうせざるを得ないという施設による判断です。判断というとかっこいいのですが、「支援チームがそうせざるを得ないところに追い込まれている」と言ったほうが真実に近いでしょう。職員にしてみると、追い込まれているところでの役割ですから、「がんばるぞ！」という気持ちになりにくいのです。重度の人たちへの支援というのは、畢竟、この追い込まれ感との戦いであると、僕は考えています。ところが、若い僕は、日曜日の午後に、この役に就くことを密かに好ましく思っていました。ただし、施設側の意図とは違った意味で、です。

　メンバーの筆頭は次郎という青年です。次郎の行動レパートリーはまことに豊富です。自傷行為から他害行為、さらには、ここに書くことをはばかられるような不潔行為や他人に暴力を振るわせる（他者を挑発するようにして、相手に自分を殴らせる）行為、果ては、無断外出や他人様の家に入り込み、その家のおやつを食べる、2階から飛び降りるなど、昼夜問わずの大活躍です。

　はっきり言って、次郎は多くの職員から「処置なし」の判断を下されていました。もちろん、そのようにはっきりと言う職員はいません。上記のような問題だらけの人でも生き生きと暮らせるように支援するというのが施設の理念でしたから、「処置なし」などと言ったら、理念に反す

るということになります。その場の空気として「処置なし」と言うことは NG なのです。そうなってくると、内心は「処置なし」、外向けには「生き生き暮らそう」という、ねじれ現象が起こります。これは、施設内に限らず、社会全般について言えることだと思います。これを〝本音とたて前〟と言います。

　ある年、僕は次郎の担当を拝命されました。若手職員の僕は、先輩方から、彼との付き合い方について色々な助言をもらいました。多くの人たちは僕にこう言いました。

　「大変だねぇ」

　改めてそう言われると重たく感じてしまいます。しかし、個人的には、次郎みたいに、手つかずのまま？　状態が悪くなったケースについて、僕は興味がありました。

　「タイヘンですよ〜♪」

　僕は、半分演技でそう答えながら、内心は「やってやろうじゃないか！」と闘志を燃やしていました。

　担当になったからには、まずは次郎に仁義を切らなければいけません。

　「一緒に頑張ろうな！」

　若い僕は、はつらつとした声で爽やかに挨拶しました。その瞬間、次郎は目にもとまらぬ早業で服を脱ごうとします。僕は、すかさず彼の身体をキャッチして服脱ぎを止めます。すると彼は、その流れで今度はひっくり返って地面に頭突きをしにいきます。しかし、これも髙原キャッチで止まります。なんとか止めてはいるものの、僕も次郎もすっかり息があがり、お約束通りの修羅場が展開されています。周囲で見ている職員はこう言っています。

　「どうしてもやりたいんだよね〜」「あまり深追いしないほうがいいよ」「今までの流れがあるからねぇ」

慰めとも助言ともつかない僕への言葉かけに、いきなり僕は孤立感満タンになります。

　（次郎が成長する存在であったとしても、今の行動はそのままにしておくべきなのか？）

　僕の自問自答が始まります。そんな僕に追い打ちをかけるかのように、周囲からはこんな声も聞こえてきます。

　「次郎は、やりたいことをやっているのだから、そのままでいいじゃないか」「ニコニコといっぱい笑って過ごせばいいんだよ」

　確かに、何を言ってもワカランチンの次郎を見ているとそんな気にもなってきます。まるで、悪魔のささやきです。

　弱気になり始めると、もう一人の僕が反論します。

　（次郎の立場に立ってみろ！　施設職員というプロから「深追いしないほうが……」なんて言われる悲惨な人生を歩むのは、人としてどうなんだ？　次郎のポテンシャルは、果たしてその程度のものなのか？　もう少し高く見積もれないだろうか？　次郎が僕らと通底するような喜びを感じることはないのか？）

　僕は、周囲の声にムカつきながら、ハテナマークを連発させます。

　次郎は昨日今日に入ってきた利用者ではありません。そうであるにも関わらず、不思議なことに、支援チームは、彼に対してこれという方針を持っていませんでした。そこで僕は、「（上記にあげた問題行動群は）彼からのSOSだと考える」と規定しました。しかし、この意見は、少数派（と言いますか僕一人）でした。多数派は、「彼は、こういうこと（問題行動群）をやっているのが好きなんだ」「指導しても治るもんじゃないから、諦めよう」と言います。多数派（＝諦め派）の言うことは、方針というほどのものではなく、そこに信念もなく、何か見通しがあるわけでもなく、ただなすすべもなく「ハアク」を繰り返すというものでした。

64

（本当に、そうなのか？）

僕の中で、多数諦め派に対する疑念は、深まっていきました。

## ボトルネック

次郎のようなケースのボトルネックになっているのは、彼が人の話を聞こうとしていないことです。馬の耳に念仏とはよく言ったもので、次郎にとって僕の言葉は念仏以下の無意味な音だったに違いありません。次郎は、誰に対しても、話を聞くことの必要性を感じていないのです。このボトルネックを解決するために、念仏を唱え続けていてもらちがあかないのは火を見るよりも明らかでした。何か、意味のあるやり取りをしていかないと、次郎と僕との関係はできあがらず、結果、次郎は、いつまでたっても孤独に問題行動を繰り返すだけです。

次郎は、いきなり自分の服を脱いで下半身を露出し、素早く寝そべり地面にキスします。次郎が地面にキスするとき、彼はそういった行動の繰り返しが、自分の将来にとってベストだと判断しているのかというと、僕の見たところ、甚だ怪しいのです。もっと充実した生き方があるということを経験上知らないだけかもしれません。自己選択自己決定と言ったって、何か心に動揺があったときの対処行動が、服脱ぎの下半身露出しかないとしたら、それは「選択の余地がない」「苦し紛れ」というものでしょう。選択の余地がある状態にするというのは、人として生きていく上で大変重要なことだと、僕は考えます。僕は、平日も休日も、彼らと関わり合うときは可能な限り「選択の余地」をつくる作業に使うことにしました。

その当時の次郎にある選択肢は、『服脱ぎと下半身露出＋地面にキス』に類するようなメニューにたくさんのオプションが付いていて、それが日常生活を埋め尽くしているだけです。平均的なメニューというものは

ほとんどゼロです。じっとしていることもなく、その場にいて自傷行為などを行っていないときでも、薄く笑いながらフラフラと前後に身体を揺すっています。このレベルになってしまうと、精神科からお腹一杯になるほど処方される薬は、オマジナイにすらなりません。これでは、社会の総論として、ノーマリゼーションだインクルーシブだと言ったって、各論としては「時期尚早」「無理」「様子を見よう」「機嫌よく過ごしていればよし」となり、結局何もせずに終わってしまいます。現に、数あまたの人への支援が、そのようになっているのです。

（次郎の発達は保障されていない）

僕はそう思いました。

## 隣人

施設の職員でも、学校の先生でも、あるいは家族でも、当時の次郎のような状態の人を「ハアク」「みまもり」するのは、とてもしんどいことです。なぜしんどいのかというと、対象者を隣人だと思えないからです。隣人というのは、大体、身近にいる愛すべき人たちのことを言います。その愛すべき人たちの範疇に、次郎はなかなか入ってこられません。あっさりと言ってしまいますが、現状の次郎を見て隣人だと思うことは、聖人君子でもない限りできないでしょう。そのくらい次郎の状態は悪く、厳しいものでした。僕の脳裏に、学生時代に関わっていたマサシが浮かびます。彼は校門まで行って校内に入れず、孤独に靴の底をすり減らしていました。マサシもまた、状態の悪い人でしたが、次郎はその10乗くらい状態が悪いのです。

入所施設は、物理的に、24時間365日のケアが可能です。支援に入る職員が、そこで利用者たちと暮らしをともにするためには、相当な努力が必要です。その努力とは、毎日を埋め尽くしている問題行動を受容する

ことだという文脈が、福祉の世界にあります。しかし、その文脈を突き
詰めていくと、どこかで破綻します。なぜ破綻するのかというと、たて
前と本音の乖離が大きくなりすぎるからです。

　問題行動を受容しようとし続けると、食器は割れないメラミンになり、
ガラスは強化ガラスかアクリル板になり、トイレの便器は詰りにくく破
損しにくい特殊なものが設置されるようになります。個室という名の独
房ができあがり、専門家はそれを「彼らの自由を奪うことで、新たな問
題行動を生み出さないための工夫」だと説明します。

　確かに、一時的にそういった物理的な配慮が必要になることはあり得
ます。しかし、この工夫（と言いますか応急処置）が、彼らの自由を奪
わないことになるかのような説明には同意できません。

　（逆だろう）

　と、僕は思います。入所施設には、ちょっと油断すると、セパレート
とエクスクルージョンを当然のこととして認めてしまう素地があります。
「施設はブラックホール」だと言った人\*4もいました。そういう自覚か
ら始めないと、職員も、そこで生活する人たちも、ブラックホールに飲
み込まれます。

　もともと、自由などというものは簡単に手に入るものではありません。
なぜかと言いますと、自由の前提には、『その範囲に応じた自己コント
ロール力が身についていること』があげられるからです。赤ちゃんはベ
ビーサークルという檻の中にいるわけですが、これは、その自己コント
ロール力が極めて未熟で、野放図に情を激発させてしまうからです。赤ち
ゃんが檻から出るためには、彼の体格がよくなり、ベビーサークルとい
う物理的な制限を越えられるような運動能力がつくのと同時に、自分で

───────────

　\*4　知的障害者の地域生活支援活動をしていた武田幸治氏の言葉。著書に『生きる─
　　　支えつつ、支えられる』（ぶどう社、1996年）がある。

危険を回避できるような自己コントロール力を身につけていかなければいけないのです。通常、人が自由を獲得する過程というのは、自己コントロール力を身につけていく過程と重なります。「己を制御できる人間が最も自由」なのです。従って、社会参加とかノーマリゼーションとか、ソーシャル・インクルージョンという理想を追うための支援・指導・応援をすると言うならば、「自由を奪わない」という以前に「自由を獲得させる」応援をしなければいけないというのが、僕の中での結論です。このことについては、駆け出しの頃から今に至るまで変わっていません。

　問題行動が24時間続くような次郎に、上記のような自由を獲得させるには、様々な専門性が必要です。しかしそれは、ガラスをアクリル板に変え、投げられても割れない食器を用意し、詰まらない便器を探してくることが中心になってはいけないのです。赤ちゃんが身体的に成長していく過程で、ベビーサークルを強化していく処置をしている養育者がいたとしたら、それは虐待だと言われるでしょう。ベビーサークルという物理的な制約を外した世界で社会や仲間と折り合い、幸せに生きていけるようにするための発達を保障するのが養育者の役割だからです。僕が次郎と向き合うときの姿勢も、これと何ら変わりありません。僕は、長くけだるい入所施設の日曜日という時間を次郎たちの発達保障につぎ込もうと決意しました。

　僕は、日曜日の「ハアク」勤務時、次郎と一緒に「生活」をしようと決意していました。当時の僕は、ある入所施設の施設長さんが、最近の入所施設の状況を「生活の剥奪」という厳しい表現で批判的に語っていたことに激しく共感していました。その施設長さんは、１例として、洗濯という生活上欠かすことのできない作業をとりあげて、こう言いました。

　「これだけ多くの人が生活している場所（入所施設）なのに、その人た

ちが使う洗濯機がないのはおかしい」

　その施設長さんは、せっせと家庭用洗濯機を買っては、そこで生活している人たちが自分で自分の衣類を洗濯できるように、それを設置していきました。そして、現場の職員たちは、そこで生活している人たちに洗濯機の使い方を実地で教え、柔軟にその生活技術を使えるようにしていきました。洗濯の話は1例にすぎません。食器洗いも、掃除も同じようにしてできるようにしていったのです。つまり、その施設にいた人たちは、その施設で生活するようになっていったのです。この話は、僕の腹にストンと落ちました。

　入所している人たちの生活を支援する入所施設が、そこに入所している人たちの生活に必要な作業を肩代わりする。そうすることが、生きていく力を獲得する機会を奪っているのだとしたら、こんなバカな話はありません。

　僕は根が単純なので、こういう話を聞くと、すぐにやってみたくなります。そして、実際にやってみるのです。やってみるとわかるのですが、こいつがなかなか大変なのです。何が大変かというと、対象者が持っている習慣と、施設自体が持っている習慣の、二つの習慣が生活者としてのそれらしく折り合わないことが大変なのです。

　（敵はこの二つだ）

　僕はそう思いました。

　思い起こせば、僕が小学校から大学を出るまでの間、ヨコちゃんや、裕太郎や、訓練会の子どもたちや、マサシとの関わり合いを持った場所は、すべて普段僕が生活しているのと同じ空間でした。何も考えていませんでしたが、そことここ（施設）とは大違いだったのです。訓練会で障害児たちをプールに連れて行ったとしても、そのプールは市民プールであり、多くの多種多様な人たちから理解を得られるように、僕らも親

も子も努力をしていました。その努力は、子どもたちの自己コントロール力を育て、親や僕たちの力量を上げました。面白いことに、プールに来ている知らない人たちの理解も、訓練会メンバーの努力に触発されて引き出されていました。これは、困っているけれど、一所懸命に努力している子どもや親の姿勢に反応して、周囲の人たちの『惻隠の情』が発動するからだと思います。僕が学生だった頃、脊椎損傷の裕太郎にノートを貸そうと思ったのも、彼や僕にインクルーシブな論理があったからではなく、周囲に惻隠の情が発生してしまう無意識のからくりがあったからだと思います。確実に言えることは、そのからくりが本人発のものだということです。インクルーシブという状態は、個々人の努力と、そのことへの認め合いが反応し合う形で形成されていくのであって、決して誰かによる一方的な受容努力で構築できるものではないのです。

　僕は、次郎自身の習慣と施設の習慣という『二つの敵』を次郎と僕との共通の敵として挑むことにしました。その際、次郎自身の習慣を改善することで、施設の習慣が変化するきっかけをつくるという方針を持ちました。

　「環境が整っていないからできない」

　という弁解は、耳にたこができるくらい聞いてきています。

　「それじゃあ、目の前にいる対象者が生きているうちに、その環境とやらは整うのか？」

　僕は自問自答してみました。その結果、次郎が壮年期のうちにそれが整うとは思えませんでした。従って、上記の方針を実行に移すことになりました。若気の至りと言われても仕方ありません。


## 発達と人格の陶冶

　多数諦め派の言葉に対して、納得できない僕は、次郎と一緒に作業を

始めました。僕が施設で対象者と一緒に作業をするとき、意味のある作業を選択します。逆に、意味のない作業は極力避けるようにしています。意味とは、価値です。それも、できるだけ多くの人が納得するような価値をその作業に求めます。具体的に言うならば、やってもらったら「ありがとう」と言いたくなるような作業がいいと思っています。作業指導の神髄というのは、そういうものだと僕は思っています。何か人の役に立っていることが実感としてつかめるような作業を生活の基本に据えたいと、いつも考えています。便宜的に、インクルーシブする側とされる側というのを分けるとしたら、インクルーシブされるコツと、インクルーシブする側に回るきっかけが、ここに込められています。それを悟らせるのが作業指導の神髄です。

　次郎の場合、細かい作業はできません。例えば、皆と一緒に軽作業をやる場合、大抵荷物運びがその役割になります。次郎はほどなく運びのプロになります。意味や価値のある作業をすると「ありがとう」と言われます。その体験を身体ごと受け止めて、次郎がそこに誇りを感じるというところがミソです。役に立ち感謝されるということが、具体的にはどういうことなのかを知るには、実際に感謝される作業に従事することが一番わかりやすいのです。次郎に講釈たれてみても、何も始まりません。

　運びの他にも、作業はあります。次郎は日曜日になるたびに、僕と一緒にトイレ掃除のプロになりました。デッキブラシを手に、たくさんのトイレを掃除して回ります。これだって、ありがとうの対象なのです。風呂掃除もやりました。家事ほど直接的に役立つ作業はありません。やがて次郎に、生活者としての誇りが漂ってきたように見えたのは、僕の欲目かもしれません。

　もちろん、簡単に誇りが漂うわけではありません。意味ある作業を一

緒にやり、感謝されるような場面を分かち合いながら、並行して、冒頭にあげたような、ひどい行動の数々を消去していきます。それまで次郎の生活を埋め尽くしていた問題行動群は、どれも反射的に発生するように条件づけられていましたので、次郎自身で止められるものではありませんでした。従って、必然的に、問題行動群の消去活動も、僕と次郎の共同作業になっていきます。つまり、次郎の問題行動群は、僕と次郎の間では『共通の敵』になるわけです。

　長年繰り返してきた反射的行動を自己コントロール力の及ぶ範囲に手懐けるためには、ちょっとしたコツがいります。自己コントロール力を強化するための方略として、僕は、体操や歩行を使いました。コツがいると言っても、難しいものではありません。ゆっくり一緒に動くことや、止まる（静止する）こと、カウントに合わせて動く、止まるなどです。そうこうしているうちに、次郎は僕と一緒に、ちょっとした山登りもできるようになりました。

　僕が懲りずに次郎と生活や作業を共にするものですから、次郎はいつの間にか僕と同じ土俵に上がってきました。最初の頃こそ、泥仕合を繰り返しているように見えましたが、やがて日常生活に必要な作業が問題行動群を凌駕していきました。次郎は、僕と一緒に作業を終えると、「フン！」と鼻を鳴らして僕の顔を見るようになりました。僕の勝手な解釈かもしれませんが、次郎が僕に「どんなもんだい！」と自慢しているようにも見えます。そう思って見ると、そう見える……。そんな状態は、彼のこれまでの人生でなかったことです。これも、共通の土俵に立ったからこそ起こってくる現象でしょう。次郎が必死の形相で服脱ぎ露出を繰り返すことは、もうありません。従って、ツナギの作業服を着る必要もありません。ストレートのジーンズが長い脚によく似合います。フラフラと身体を前後に揺することも皆無になりました。格好よく清潔感の

ある姿で職員と一緒に買い物へ出かけることができるようになりました。家に帰っても同様です。打てば響くように返事をして、斜視の眼を僕のほうに向けることができます。薄ら笑いはなくなり、満面の笑みで応えてくれます。一緒に住んでいる、隣人としての雰囲気がにじみ出ています。これを状態のいい自閉症と言います。

　死ぬほど飲んでいた向精神薬や睡眠薬もどんどん減薬されていきました。Dr.も優秀だったのだと思います。最終的には、最低限の抗てんかん薬のみになりました。寝ることなく夜通し問題行動を起こしていた彼が、睡眠薬なしでぐっすりと眠るようになったのです。

　ある日、次郎は更生相談所の再判定を受けることになりました。もちろん、僕は同席しません。

　「がんばれよ！」

　僕は、少しだけ心配しながら次郎を送り出しました。知能検査の結果は、前回と同じ測定不能。判定は最重度。しかし、判定した専門家が目を白黒させてこう言いました。

　「彼が一所懸命課題に応えようとしているのが、すごくよくわかりました……」

　これまで、次郎がこのような評価をもらったことは、一度もありませんでした。

　（当たり前でしょ。ざまあみろ！）

　僕は、腹の中で笑ったものです。


## ソーシャル・インクルージョンへの道行

　ある日、次郎の母さんは、僕のことを奇人だと言いました。

　「奇人じゃないと、うちの息子とこんな付き合いはできませんよ」

　褒められているのかけなされているのか、よくわからない評価です。

でも、嫌な気分はしませんでした。

　しかし、僕の発想は奇人のそれなのでしょうか？　当たり前のことを学ぶ機会を保障するというのが、普通のことではないという事情を乗り越えるのは大変だけれども、それは本来、障害福祉や特別支援教育が通すべき、最も大切な筋なのではないでしょうか。ヘレンケラーがそうであったように、そうやって彼や彼女の人格は陶冶されていくものなのではないでしょうか。

　次郎の成長や、周囲が彼を見る目の変化や、お腹一杯に飲んでいた精神科薬が不要になったことについても、背景にあるのは同じからくりなのです。

　僕が次郎の担当になった日、僕に仁義を切られた次郎は、何かに取り憑かれたような形相で着ていたツナギの作業服を脱ごうとし、露出を試みました。皆から、絶対に止まらないと呆れられ、諦められていた次郎は孤独だったと思います。担当としてこの行為を止めた僕も、息が上がるだけで何ら充実感がありませんでした。僕と次郎は、別々の土俵で、それぞれ独り相撲をとっていたようなものでした。その当時の次郎は、まぎれもなく状態の悪い自閉症でした。僕は、状態の悪い人＝自閉症という決めつけに不満があります。状態のいい自閉症は、人々から尊敬されることもありますから、同じにしてもらいたくないと思うのです。そして、悪い状態からいい状態への移行は、周囲の関わり方と、それによって引き出される本人の努力次第で十分に可能であるという前提が、エクスクルージョンをインクルージョンに変えていくためには必要だというのが、僕の意見なのです。

# 第 2 章
# インクルーシブ障害

## 1．障害の在処

### 更生

　先日、ある児童発達支援事業所の現場に勤めている方と話していたところ、「なるほど」と膝をたたいたことがありました。その方は、こう言いました。

　「日本の教育は『わかる』とか『できる』を大切にするのですが、『信じる』について教え育てることは、ほぼありません」

　この話を聞いたとき、反射的に僕の脳裏に浮かんだのは、アインシュタインが残した言葉でした。

　「教育とは、学校で習ったことをすべて忘れた後に残っているものである」

　その体験を持つ人にとっては、極めてわかりやすい言葉だと思います。

　『教えられること』は、大抵体系化されていますが、『教えられないこと』は『教えられること』を質量共に凌駕しています。そして、『教えられない』だけのことはあって、それを悟らせる方法論については、なかなか語られません。

　数多くある教えられないことの中に、『信じる』『ゆだねる』という態度があります。それは、もしかしたら、教育というよりは宗教の分野に入ることなのかもしれません。僕は、宗教について深く考えたことがないのですが、宗教とは、煎じ詰めれば生活規範だと思います。生活規範とは、人が社会と融合しながら主体的に生きていくために欠かすことのできないものです。生活規範そのものは、ルールに置き換えることができるでしょうし、言語化・抽象化して、状況に応じて頭の中で操作できる、人生の戦術書みたいなものです。しかし、マニュアルめいた物に凝

ると、ろくなことがないというのが僕の意見です。これは教条主義に陥ることへの強い警戒です。大切なことは、いつも言葉にできません。僕に生活上の障害を持つ人たちを応援する仕事を教えてくれた先輩は、本に書けることなど高が知れていると言っていました。また、本を読んでわかろうなんて思うことが間違いの元だとも言っていました。そのくせ、たくさんの本を僕に紹介してきました。矛盾だらけなのですが、現場の僕にとっては、どれも腑に落ちる言動でした。何が言いたいのかというと、神髄はいつも教えられることを教えていく過程で染み込んでいくものだということです。

　発達に遅れのある人や子どもたちに、その認知特性や発達段階のアセスメントをとり、彼がわかりやすい伝え方で伝えていくということは、昔から特殊教育などで取り入れられ、実践されてきました。その実践記録や論文も、たくさん残っています。大事なのは、それを通して対象児者がどのように発達したのかということにあります。暴れていたのが暴れなくなったとか、言葉がなかったのが言葉を発するようになったとか、数が解るようになったとか、座っていられるようになったとか、そういうことが大事なのは言うまでもないことですが、それ以上に大切なのは、そのことを通して、対象児者の人格がどのように発達し、精神生活がどう豊かになったのかということだと思うのです。言い換えれば、認知認識能力の発達、神経の発達、固有受容覚や前庭覚の発達、身体運動能力、社会との関係発達、等々の発達が総合して、人としてどのように豊かに育ったのかということを確認しなければ、教育も訓練も、羅針盤を持たない幽霊船のように彷徨い続けるだけになってしまいます。

　本当の障害は、どこにあるのか。それは、彼を人として見ない限り、わからないのです。

ノボルは17歳のときに、僕らの職場を見学しに来ました。特別支援学校時代に、先生に連れられてきたノボルは、ダブダブのズボンをはき、わざと着崩した服装でやって来ました。ちょっと斜に構え、辛うじて挨拶かなという感じで、「ウィッす」と言いながら僕と対面します。

　（いい面構えじゃないか……）

　僕は思いました。昔は、こういうのを「メンチ切る」と言ったものです。わざとやさぐれるノボルに、僕は言いました。

　「ここは、仕事をするところだからな。他に目的はない」

　僕は、相手によって、目的の説明を変えます。それは、就職するためでもいいし、礼儀作法を覚えるためでもいいし、仲間を作るためでもいいと思っています。ただし、それが本人の社会生活にとって大事な要素である必要があります。メンチ切って入ってきたノボルに必要なのは仕事だと、僕は思った。ただそれだけのことです。

　ノボルが特別支援学校にいるわけは、単純に勉強についていけなかったからです。それは、現象としては『知的障害』というカテゴリーに入るため、中卒後の彼の進路は特別支援学校になったというわけです。家庭環境も、お世辞にもいいとは言えません。おそらく、中学時代に、不良仲間と一緒にいても、使いっ走りだったことでしょう。真面目になったら勉強についていけるかというと、そういう感じでもありません。どちらかというと、学力の低さを冷ややかに見られてしまうでしょう。こういう場合、彼は身の置き所を失います。男としては突っ張るか、ないしは、やさぐれるかしかないわけです。

　（だったら、そのガタイを活かして、さっさと働け）

　と僕は思ったのです。

　メンチ切ってたノボルは、僕の言葉を聞いてキョトンとしていました。普段から素行の悪いノボルは、日常的に、先生や周囲の大人から教育的

指導を受けていました。ですからノボルは、僕もまた同じような指導を入れてくる奴に違いないと思っていたのでしょう。間を外されたノボルは、「ウイッす……」とか言いながら、実習することに決めたのでした。その決断は、おそらく主体的だったと思います。

　宣言通り、ノボルにはひたすら働いてもらいました。作業進行上必要なことは、必ずやってもらいます。情報の伝達や質問などについては、ツッパリだろうがヤンキーだろうが、必要なんだからやれという以外ありません。教育的でも何でもない、労働に明け暮れた2週間が過ぎ、ノボルはすっきりした顔で実習を終えました。

　その数週間後、学校の先生が僕に、嬉しそうな顔と声で、ノボルの様子を教えてくれました。悪かった素行がよくなったというのです。

　「あの実習以降、心を入れ替えたみたいで」

　そんなことを先生は言っていました。僕も嬉しく思いました。

　だからといって、僕らが何をしたという訳でもありません。彼が必要性を感じて働いたというだけのことです。おそらく、本腰を入れて働いたのは、その実習が初めてのことだったのではないかと思います。勘のいいノボルは、身の丈に合った場で一所懸命に働くことで、この世の中に自分の役割が見つかる。勉強はできなくてもいいし、やさぐれる必要もない。自分は必要とされる人間なのだ。ということを悟ったのでしょう。

　先生からの嬉しい報告を受けた後、半年が経過して、卒業式のシーズンを迎えました。僕はノボルのことを意識することもなく、ノボルが在籍する特別支援学校の卒業式に招かれ、参列しました。ノボルは背筋の通った姿勢で壇上にあがり、卒業証書を受け取っていました。

　（大人になったなぁ）

　その姿を見た僕は、そう思ったものです。

卒業式が終わり、学校を出ようと思ったとき、後ろから声をかけてくる生徒がいました。

　「就職、決まりました！」

　ノボルの声です。彼は、ちょっと恥ずかしそうに、しかし、はっきりとした声で僕に報告してきました。不意を突かれた僕ですが、すぐに応えました。

　「お～！　おめでとう！　どんな仕事をするの？」

　「○○運輸です。実習して、採用されました」

　ノボルの顔が輝いています。どうやら、忙しそうな職場です。でも、ノボルには合っていると思いました。

　「きっと、重宝されるぞ」

　「がんばります」

　そんなやり取りをした後、僕はノボルと別れ、桜の花が眩しい校門を通過しました。

　（やさぐれ男も卒業だな。これからが人並みの苦労だ）

　そんなことを思いながら、僕は特別支援学校を後にしました。


　ノボルにとっての障害とは、いったい何なのでしょうか。知的障害者であることを証明するための手帳を持つ彼の障害になっていたのは、本当に知的障害だったのでしょうか。あの実習を振り返ってみたとき、僕は改めて、人間というものが持つ、たどり着けないほどの深さについて、思い知らされたような気がしました。


## 立場と役割

　今現在、僕が務めている就労支援施設には、様々な境涯の人たちがいます。支援機関や学校などで支援員や教職員として働く人が、この説明

を聞いたとき、「様々な境涯の人たち」についてどんなイメージを持つで
しょうか。

多くの場合、自閉症の人、精神発達遅滞の人、ダウン症の人、学習障
害の人、統合失調症の人、双極性障害の人、うつ病の人、などの診断名
から見た分類を思い浮かべるかもしれません。あるいは、中卒、高卒、
特別支援学校卒、専門学校卒、大学卒、大学院卒、などの最終学歴を思
い浮かべるかも知れません。年齢の場合もあるでしょう。生活保護を受
けているとか受けていないとか、親がいるとかいないとか、グループホ
ームに住んでいるとか実家に住んでいるとか、一人暮らしをしていると
かしていないとか……。あげればキリがありません。

事程左様に人間とは様々な分類ができる生物であり、それ故に様々な
形で生活上の障害が起こってきます。これを摩擦と呼んだりもします。
摩擦は、社会的な存在として生きていく以上、必ず起こります。価値観
の違いから、互いに譲り合えず、ガチンコのけんかになってしまうこと
もあります。一方的に我慢することでストレスがたまり、うつ病になっ
てしまう人もいます。摩擦ではないものを摩擦だと思い込むことで、生
活していくことが難しくなる人もいます。

社会生活にまつわる摩擦は、必ずしも悪いものばかりではありません。
それを乗り越えることで、社会と個人が精神的に豊かになっていくから
です。ただし、気をつけなければいけないこともあります。

ここで無造作に列記した分類は、どれも「立場」であって「役割」で
はありません。例えば、自閉症や統合失調症という役割があったら問題
です。自閉症も統合失調症も意図せずそうなった「立場」なのです。実
際に社会生活を送るにあたっては、この「立場」を根拠にした分類以外
に、「役割」という分類があります。ここを分けて考えられないと、混乱
のるつぼにはまります。

茂樹は、高校卒業後、僕らの支援範囲に入ってきました。軽度精神発達遅滞というのが彼についた診断名です。彼に発達の遅れがあるということは、学校の先生方もよく知っています。その上での学校教育だったと聞いています。卒業後、彼は就職しました。見た目は、どこに障害があるのかわからないような青年です。人手不足のご時世で、彼が採用されるのは不思議なことではありません。そこに落とし穴があります。就職後の職場において、茂樹の評判はすこぶる悪く、離職。市役所のケースワーカーがその事情をまとめて、僕らにつないでくれました。

　茂樹は僕らのもとで訓練と支援を受けながら、名の通った企業に就職しました。採用後、彼は職場で給料の根拠となる「役割」を仰せつかります。職場は僕らから彼の能力評価を引き継がれ、それに基づいて彼の役割は決められました。当然のことです。至って常識的な職場ですから、無理なことをやれとは言いません。僕らの支援範囲にいたときも、事前の指導として何度も教えられ、その範囲における作業の分担も、不平不満を言うでもなくこなせるようになっていました。僕らは、そんな茂樹の様子を確認したからこそ、このご縁に彼をお願いしたのでした。最初のうちは、茂樹もそれを飲み込んで、仕事に励んでいました。

　入社後、2年以上が経過した頃のことです。職場から僕らのもとに、茂樹の様子がおかしいという旨の連絡が入りました。最近、職場の出入り口付近で固まっていることが多いというのが、職場の方たちの説明でした。すでに、茂樹の後輩が何人か入社しています。職場においては分業体制が敷かれ、仕事が効率よく回るように工夫されてきたところでした。茂樹の中に、自分が先輩という立場に立ったという意識が芽生え始めた時期でした。

　僕らは職場と本人から事情を聞きました。職場が彼について困っていることは「お願いしている作業をやろうとしない」ということでした。

業務命令拒否です。これはクビになるかもしれないと思いつつ、僕らは茂樹と面談をすることにしました。僕らが知りたいのは、茂樹がその作業を拒否する理由です。いかなる行動にも理由があります。深浅は別にして、必ずあるものです。そこにたどり着くことで次の一手が考えられます。ただし、ここで難しいのは、拒否している本人自身もその理由を明確に掴んでいない場合があるということです。こちらの洞察力が試されます。

　就労という手段を使っての社会参加は、茂樹が職場という社会に求められ、貢献することで、成立します。単純な話ではありますが、今一度その辺りの話をしなければいけないのではないか。そんな推測をしながらの面談になりました。

　事前に、茂樹の家族にも事情を聞きました。彼の家においては、兄が多くの情報を把握しています。父親はおりますが、母親は既に他界しています。兄の話によると、茂樹の弟が事故で亡くなったという事態が確認されました。

　もろもろを踏まえて、茂樹と面談したところ、茂樹の捨て鉢な言葉が僕らにぶつけられました。

　「街を歩いていると、すれ違う人たちのことをうらやましく思う。自分の人生なんて、それと比べればどうしようもない。生きている意味がないんじゃないか……」

　もし、僕らが茂樹の背景を知らずにこの発言を聞いたら、茂樹がうつ病にでもなったのではないかと思うに違いありません。その場合、次の一手は医療対応という話になっていきます。しかし、事前の情報を聞く限り、その前に茂樹と話し合うべきことがありそうだと思います。そして、僕らは茂樹と話し合いました。

　「うらやましい、か」

「はい」

「茂樹に、街ですれ違った人たちの何が解る？」

「……」

　根拠のない妬みであることを指摘された茂樹は黙りました。

　しかし、僕らは茂樹の境遇にも思いを馳せなければいけません。交流の深かった弟が亡くなり、父親は老い、職場には茂樹の後輩が入り活躍し始めています。社会の中における茂樹の立場が変化してきているようだということに、彼は気づいています。もともと、職場における役割ははっきりしていますし、それは今も変わりませんが、作業が細分化され、企業としてのミッションと茂樹が携わる日々の作業が意識の中で結びつきにくくなっています。そんなことを一つひとつ説明して整理していかなければいけません。

　僕らは、茂樹の立場をある程度理解しつつ、現状与えられている役割について、改めてかみ砕いた説明をしました。結果的に、茂樹は、業務命令に沿う形で、その職場に留まることになりました。僕らの説明が功を奏したのかどうかはわかりません。

　人が社会の一員として働き暮らしていく上で、「立場」を理解してもらう必要がありますが、「役割」については遂行すべきものです。しかし、立場と役割が混じり合って混線することによって、立場も役割も放り投げてしまうケースもたくさんあると思います。

　そのとき彼を支える側にいる者が、そのことに気づいて対象者と向き合うことができるかどうか。その結果が、人の人生を左右してしまいます。単純に辞めるとか続けるとか、そんな簡単な話ではありません。そこから学び、さらに社会の中に役割を持ち、立つ瀬を把持できるかどうかという深い意味があります。支援にあたる者の質を厳しく問われる場面だと思います。

## 「する側」と「される側」

　ソーシャル・インクルージョンについて論じるとき、その多くは包摂する側とされる側があることを想定しているように思います。そして、「する側」の努力義務が「される側」の権利を保障するという文脈が当たり前のように存在します。しかし、現場でつぶさに感じることは、そんなわかりやすい文脈ではありません。

　仮に「インクルーシブ障害」というものがあるとしたら、それは、単純に「する側」「される側」それぞれの問題という風には分けて考えることはできないように思います。本来、誰もがインクルーシブする側にもされる側にもなり得るのであり、「インクルーシブ障害」とは、「どこにでもあるけれど、どこにあるのかわからない」のが実情なのではないでしょうか。

　もしかしたら、多くの人たちから「包摂されるべき立場」だと思われている人（子）の、心の奥底にわだかまっているような未発達・未整理な何かこそが、「インクルーシブ障害」なのかもしれません。

　戦争や虐待のような極限状態で孤児になった子どもの中には、対話の基礎として共有するエピソードすら、虚構で構成していることがあるという話を聞いたことがあります。彼の話を信じて対話していた人は、ある日それが根も葉もない嘘だと知ります。そうなると、日頃から滅多に騒がない人であっても、さすがに愕然とするそうです。しかし、当の子どもは、「孤立したくない」「人と自分との間に通底した関係が欲しい」と真剣に思っています。その子の行いが、周囲から見ると人を裏切るような行為の連続であったとしても……。そんなことを考えていたら、若い頃の経験が、脳の海馬から映像として浮かび上がってきました。それは、僕の体力が今の倍くらいあった頃のことです。

　ある施設に信次という青年がいました。彼は、広汎性発達障害の診断

名をもらっていました。信次の生い立ちは複雑で、恵まれているとは言えません。彼は母親の顔を知らず、血のつながりのない父親からは虐待を受けてきていました。それが原因で、僕らの支援範囲にいる間に家族のもとを離れ、通勤寮での生活を始めました。信次の人づきあいは淡白で、見た目はクールな信次です。しかし、その内面は「孤立したくない」「通底したい」ともがいている青年だったのだと思います。問題は、信次の見た目（行為）と気持ちが裏腹の関係にあることに、巷の人々が気づけないところにあります。

　彼の中には『普通の暮らし』への憧れが色濃く存在し、そこへ向かって訓練を積むという漠然とした目標については、容易に共有できました。もちろん、漠然とした共有であります。器用なところがある信次は、どのような作業でもそつなくこなします。僕らが直接支援をしている間の彼は、間違いなく優等生でした。いつも冷静沈着。言葉遣いも丁寧で、紳士的です。欠勤することもありません。そんな信次ですから、やがて就職先を決めて企業就労していきます。絵に描いたような自立支援だと思われました。しかし、実際には、絵に描いたような自立支援などありません。程度も性質も違いますが、皆、どこかに綻びを抱えつつの人生です。福祉の支援が必要か不要かはさておき、その綻びについては、どこかで修復のための手間が必要になります。

　希望する職場に就いた信次は、器用さを生かして、精密機械の製造工程における検品作業を任されます。実習期間中は全く問題なく、即採用となりましたが、潜在している綻びが顕在化したのは、その後でした。

　肌寒さを感じる季節のある日、信次が落ち着いて働いていると思っていた僕らに、職場から連絡が入りました。職場の状況から見て、彼以外に起こしえないような状況での作業ミスが連発していたのです。職場の人は、信次について、こう言いました。

「彼は嘘をつきますね……」

職場からの報告で、僕らは、客観的に状況を把握しました。

（誰がこんなことを！　ひどい！）

あるいは、故意にやったのではないかと思われるような現象もありました。しかし、信次がそれをやったという証拠は出てきません。それでも、就職先の社員は彼を疑い始めました。状況証拠が揃っているのです。その空気を察して、支援者は信次に問いかけます。

「知らないか？」

信次は顔の色一つ変えずに答えます。

「知りません」

（知らないはずがない……）

僕は、いつもと何ら変わらない様子で知らないと言っている彼を見て、そう思いました。

このようなことをいつまでも繰り返していると、職場は信次に愛想をつかしてしまいます。そうなったら、彼は社会生活を断念せざるを得ません。誰もそれを望んでいないのにも関わらず、そうなってしまうのです。僕らや職場も、信次も、土俵際ギリギリまで追いつめられている状態です。皆が揃って土俵際ギリギリに追い詰められているというのはおかしな話ですが、同じ土俵に立っていないから、こういうことが起こるのです。うまくいっていないケースにおいては、よくある話です。何故そうなるのか……。これが虐待の爪痕なのでしょうか。しかし、そんなことを言ってみたところで仕方ないのです。

（彼は、腹の底から誰かを信用したことがあるのだろうか？）

僕は思いました。

数ヵ月後のある日、再びありえないような作業ミスが大量に発生しました。ミスというよりは、明らかに故意です。まるで愉快犯の仕業のよ

うでした。挑戦的ですらあります。支援者側にその連絡が入ったとき、僕は38度を超える熱を出して呻いていました。

（このタイミングでやるか……）

　僕は、自分の体調にイラつきました。しかし、このタイミングだからこそ何とかしたいと思いました。すぐに腹を決め、僕は彼の住む通勤寮へと向かいました。

　火事場のバカ力というのは本当にあるものです。このときの僕は、まさにバカでした。熱のある僕は、信次の部屋で彼と対座しました。僕も畳の上で正座、彼も畳の上で正座です。どこから入ってくるのか、熱でフラフラする僕の身体に芯が入ります。信次は、なぜ僕が熱も下がっていないのにやって来たのかを探るかのように、その目を凝らしていました。あるいは、僕が熱を出していることを最初から知っていたのかもしれません。

　僕は信次に問いかけます。

「なぜ、ここに来たのかわかるか？」

　信次は黙っています。僕も黙ります。黙っていても時間は経過します。やがて、信次の表情が変わっていきます。脚が痺れたのでしょう。が、信次にも意地があります。不服そうな表情を残しながら、僕に正対し続けています。僕の身体も相当にくたびれています。しかし、身体に入った芯は抜けていません。この場合、ハンディキャップは僕のほうに重たくかかっています。あえてその条件で彼の前に座ることで、彼が何か大切なことに気づくのではないかという期待が、僕の中にはありました。

　僕は、黙りながらも、超高速で信次の境遇に思いを巡らせました。熱でゆであがったような脳ですが、数日前に他の職員から聞いた信次に関する情報を思い出しました。

「信次が（会ったことのない）母親を探しに行きたいと言っていた」

そんな情報でした。信次は、彼にとって鬼のような存在である僕には、その類いの話をしません。従って、その情報は、どこか気を許せるような雰囲気の職員に信次が話したことでした。その話の中に、人と人との間にあるべき信頼関係というものを探し求める信次の姿が見えてきました。人生の初期に、ごく自然に体得するものを彼は探し求めているのかもしれません。

信頼関係という、あまりにも漠然としたものに対する憧れを持ちつつ、何をどうすればそれが手に入るのかわからずにいる彼は、ちょっとした心の波立ちをきっかけに、どうでもいいような気分に支配され、やってはいけないことをやります。そんなとき、彼はあたかも愉快犯のように、腹癒せの行動を起こすのではないか……。そんなことを僕は熱で茹であがった頭で考えました。だとしたら、そういう前提で話をしてみようと思いました。それは、土俵を揃えるための唯一の方法だと思われました。

僕から信次に問いかける内容が変わったわけではありません。しかし、僕の心持ちは明らかに変わっています。

「さみしくて不安かもしれないが、やってしまったことは、喋ろうや。黙っていてもつらくなるだけだ。こんなこと繰り返していても、さみしさも、不安も、治らない。どうしたら、さみしさや不安が治ると思う?」

「……」

しばしの沈黙の後に、信次はボソボソと話しだしました。嫌なことがあると、いらいらして、でたらめな作業をすることがある……。今回の作業ミスも、そういった状況下で起こしたものだった。そんなことを信次は語りました。

それ以降、僕と信次の関係は、少しだけ豊かになりました。まだ見ぬ母を求める気持ちまでは抑えられませんが、明らかに、僕の話に対して聴く耳を持つようになったと思います。信次を雁字搦めにしていた虚構

の世界が、少し崩れてきたのかもしれません。幼い頃に誰もが通る、成長や発達の一過程に過ぎませんが、青年期になっても、そこに躓き、もがいている人がいるのです。

　しばしば、育ちの問題というのは、生まれつきの問題よりも重たく影を落とします。信次の主治医が彼に広汎性発達障害という診断名をつけたのは、それなりの根拠があってのことでしょう。しかし、その症状を作り出す要因に、『育ち』が絡んでいても不思議ではないと思います。彼へのアプローチに対する考え方は、診断名よりもさらに細かい個人差に配慮したものであるべきです。配慮すべきことは、対象者との人づきあいから読み取るものです。人生の基礎を築くことの難しさと大切さを感じます。

　児童精神科医であった、故十亀史郎 Dr. は、「自閉症児を特別なものとして見ることを止めたとき、彼らがよく見えてくるということを最後に言っておく」という難しい日本語を残しています。僕は、この先生のことを人から聞いた話や書物を通してしか知りません。しかし、十亀 Dr. の目的は、患児（者）という立場にある『人間』の成長・発達にあったのだと確信しています。

　十亀 Dr. は、「愛すること」「働くこと」「考えること」の三つができるようになることを自閉症治療の目標としていたように見受けられます。少なくとも、僕は勝手にそう思っています。

　翻ってソーシャル・インクルージョンについて考えてみると、その鍵概念は、「愛すること」「働くこと」「考えること」の三つではないでしょうか。インクルーシブな発想とは、ひとりの人が、愛し、働き、考えられるようになる過程を想像するときに生まれてくるものだと、僕は考えています。

## One for all, All for one

　最近よく耳にする言葉に、合理的配慮というものがあります。以下、文部科学省のホームページ*1からの抜粋で、障害者の権利に関する条約における「合理的配慮」についての説明です。

　（1）障害者の権利に関する条約「第二十四条　教育」においては、教育についての障害者の権利を認め、この権利を差別なしに、かつ、機会の均等を基礎として実現するため、障害者を包容する教育制度（inclusive education system）等を確保することとし、その権利の実現に当たり確保するものの一つとして、「個人に必要とされる合理的配慮が提供されること。」を位置付けている。

　（2）同条約「第二条　定義」においては、「合理的配慮」とは、「障害者が他の者と平等にすべての人権及び基本的自由を享有し、又は行使することを確保するための必要かつ適当な変更及び調整であって、特定の場合において必要とされるものであり、かつ、均衡を失した又は過度の負担を課さないものをいう。」と定義されている。

　もっともな説明だと思います。しかし、「障害児者の権利」という問題提起の仕方は、常に「障害児者」という個人が存在するかのような勘違いを起こさせる危険をはらんでいます。

　障害というのは相対的なものであり、部分的なものです。これを常に意識しないと、人は「障害児者」という架空の概念に拘束されます。そ

---

*1　特別支援教育の在り方に関する特別委員会（第3回）配付資料3：合理的配慮について　http://www.mext.go.jp/b_menu/shingi/chukyo/chukyo3/044/attach/1297380.htm

して、個々の問題を解決する自由を失います。一人ひとりの顔が見えなくなり、「障害児者」という虚像にアプローチするようになります。これでは問題は解決しません。解決しないどころか、行動は極端から極端に振れます。相模原で起こった戦後最悪と言われる大量殺戮事件のようなことも起こります。また、障害者手帳を持っている人が極端に走り、他者に危害を加えるような事件も起こります。そんなことを繰り返していても、何の解決にもなりません。

こういった問題を解決するためには、少なくとも現場は、障害者の権利保障ではなく、個々人が豊かに成長していく権利の保障という文脈で物事をとらえ、対処していかなければいけません。そうしないと、支援現場は不思議な様相を呈するようになります。

そもそも、教育や訓練というものには動かしようのない前提があります。それは、対象児者が大人になり、権利権力を行使する立場に立ったときに備えて行われるものだということです。この文脈から外れた教育や訓練は、将来に大きな危険を発生させます。権利や権力を行使する者は、ある程度の訓練や教育を受けており、それを行使することによって他者に危害を加えないような人格に育っている必要があります。これは自明のことですが、教育や訓練の対象が障害児者だと、なぜかこの自明性が大きく揺らぐのです。これは逆差別だと思います。

教育や訓練における自明性の喪失は、その対象者に、大きな不安と危険をもたらします。そういった教育擬き・訓練擬きの中で時間を過ごした彼や彼女は、自由を制限されざるを得ないような将来へと向かっていくことになります。

ある成人施設の支援現場では、応用行動分析学（ABA）[*2]をベースにし

---

　＊2　ABA（Applied Behavior Analysis）。スキナー（アメリカの心理学者）が創始した
　　　行動分析学をベースに個人と環境との相互作用の中で行動を分析する手法。

た支援をしていると言います。見学させてもらうと、そこではトークンエコノミー法*3を使って、施設の利用者に好ましい行動を身につけさせるという方法をとっていました。職員は、支援対象の利用者が部屋の椅子に座っていられたら、コイン状の物を渡しています。

僕は、置物のように座っている彼にコインのような物を渡していた現場の支援者に、質問をしてみました。

「どういう目的で指導しているのですか？」

その職員は、こう答えました。

「施設の方針だから……」

方針だから……、ということで、この行為を繰り返している職員も、その対象になっている施設の利用者も、何のためにという『目的』がなくなっていることを不思議に思っていません。目の前にいる人の幸せにつながっていくのかどうかという視点と起点を見失っています。これでは、そこに携わる人はトークンの奴隷です。言い換えれば、これは、不合理的配慮をベースにした逆差別だと思います。

僕は、応用行動分析学（ABA）やトークンエコノミー法を目の敵にしようとは思っていません。実際、僕自身が誰かの応援をするときだって、この法則に則った形でのアプローチを考えることは珍しくありません。それどころか、いつも頭の片隅には、この法則が置いてあります。しかし、それが目的化して、なぜその方法をとっているのかわからなくなるなどということはありません。あってはならないと思うのです。

トークンエコノミー法やレスポンスコスト*4などというものは、笑点の大喜利で使われる座布団みたいなものなのです。あそこにいる落語家

---

＊3　好ましい行動に対してトークン（代用貨幣）を与えることによって、その行動を強化する方法。
＊4　好ましくない行動に対してトークンを没収することによって、その行動を減らしていく方法。トークンエコノミー法とは逆の方法。

たちも、観客も、座布団の増減に一喜一憂しているわけではありません。目的は落語家どうしの人間関係を土台にした、軽妙なやりとりの世界を共有することにあります。それがわかっているから面白いのです。トークンエコノミー法だって、同じことなのです。それがわかっている人は、わざわざ取り立てて、その方法にこだわるようなことはしないでしょう。方法など、目的に合わせていくらでも変えていけるようでなければいけないのです。

　この施設の問題は、トークンエコノミー法をやっている支援者と対象者が、何のためにそれをやっているのか、全くわかっていないし、わかるようになる兆しもないというところにあります。手段は目的化して、単なる条件づけされた行動が一人歩きしていきます。その念頭に、行動の主体である対象者の精神と人格の発達という最も保障しなければならないものはなく、あるのは形骸化と迷走の世界です。このような不思議な様相は、教育や福祉を含む、社会の随所に見られます。

　場の目的を共有することと、それに沿った判断を分かち合うこと。その繰り返しが、個人を豊かに発達させます。あちらこちらで、そういった一隅を照らすような教育や訓練が繰り広げられていけば、やがてそこで育った人たちは、社会の中で権利を行使した生活を送ることができます。そういった人たちが互いに関わり合い、さらに豊かな世界をつくっていきます。その中で、一人ひとりの人は、より一層磨かれていくでしょう。インクルーシブな世界とは、こういったフラクタルな構造が繰り広げられている世界なのではないかと、僕は考えています。

　ラグビーの世界で有名な言葉に、「One for all, All for one」というものがあります。これを日本語に訳すと、「一人はみんなのために、みんなは一つの目的のために」なのだそうです。僕らも、この社会で幸せに暮らすという目的のために、一人ひとりが力を出していくといいと思います。

お互いにやりとりをして、必要なフォローもしあって、結果的に個の力が成長し、社会全体として、さらに個の力を活かせるような動きをしていく。家庭であれ、学校であれ、施設であれ、企業であれ、そのような形を目指していくべきだというのが、支援に関する僕の考え方のベースになっています。

## 2．それでも発達を保障する

### 発達例

　発達に遅れのある子どもや大人も、発達します。ただし、発達しにくいと思います。なぜ発達しにくいのかというと、その条件がなかなか揃わないからです。

　「医師の見立て」などと言いますが、医者に限らず、僕らのような立場のプロにも、対象児者への見立ては必要です。なぜ発達しにくいのか、何をどうしたら、その条件が揃うのかを考えて表現するのが見立てだと思います。

　僕は、たまに、依頼されて保育園児の療育にアドバイザーとして関わることがあります。何かライセンスがあるわけでもないので、控えめにやっているのですが、そこでしばしば感じることを、以下に一般論化してまとめてみます。なお、この現象は、幼児や児童に限ったことではありません。

　発達に遅れや凸凹のある（人）の場合、第1次反抗期が、ずいぶんと遅れて出てくることがあります。養育（指導）者が、そのことに気づき、上手に『選択することの醍醐味』を教えてあげると、対象児者はグンと伸びます。彼は、そうやって正しい判断と選択ができるようになればなるほど、自由に生きられる範囲が広がっていきます。

同じ頃に、人と人との付き合いを客観的に見る機会をつくると、自己中心的なものの見方から解放され、他者視点を獲得しはじめます。例えば弟や妹、下級生などと、大人との関係を見て、自分の立場を再認識したりすることもあります。「お兄さんだからしっかりしなきゃ」とか「大人だから責任を持って行動しよう」というような気持ちが出てきます。自己中心的な考え方やものの見方しかできなかった子（人）が、相手の立場に立った言動をとるようになっていきます。例えば、「どうぞ」と人に譲るような働きかけを主体的にやり出して、養育（指導）者をびっくりさせることもあります。

　また、養育（指導）者が、対象児者の身体に触ってあげながら身体部位と名称のマッチングをしたり、体感したことや動作の即時言語化（動詞や形容詞を使って、実況中継的に本人に本人の動作をフィードバックする）したりすると、内言語が育ち、衝動のコントロール力や、共通の対象をテーマにして話をするような関係が大きく発達することがあります。このときに大切なのは、対象者と養育（指導）者が、場と判断を分かち合うことです。

　人と目を合わせることもなく、ひたすら対物指向のマイペースを貫いていた子が、場と判断の共有や丁寧な動作と、それへのフィードバックを積み重ねるに連れて、社会性が発達します。自分でつくったものを大人に見てもらいたくて、大人の顔をしっかりと見ながら、自分がつくった物（自分の成果物）を自慢げに、自分の顔と大人の顔の間に提示するなどの「見てみて！」行動が、その子（人）なりの表現で、出てきます。また、「これ何？」というような質問をしてくるようにもなります。こうなってくると、本人の精神発達が１段階も２段階も進み、衝動や多動が落ち着いてきます。

　その子（人）を周りで見ている大人が「１ヵ月前と全然違う（成長し

た）」という感想を持つことも少なくありません。

　何よりも大切なのは、成長した当人が、そのことを自覚しており、他者に誇れるようになっていくことです。謙虚な自信は、その子（人）の内に、向上心と健気さを宿らせます。そこからさらに多くの人との共感が生まれ、精神的な豊かさも膨らんでいきます。

　上記の例は、様々なケースを足し算して、その人数で割ったような架空の例です。従って、これを『個性』などと言うつもりはありません。現場に当てはめるためには、これに個々の違いを肉付けして考える必要があります。その違いは、生まれからも育ちからも影響を受けます。生まれつきのものと育ちによるものとは相関関係があり、どちらが卵でどちらが鶏なのかは、判別できないのが普通です。『胎児性愛着障害』という概念もあり、生まれ落ちた瞬間ですら、育ちの影響があるという考え方もありますから、判別することにはあまり意味がないような気がします。


**発達保障の指針**

　発達するために最も重要な環境要因は、対象児者が「この人と、共有したい！」と思ってしまうような誰かが、対象児者の傍にいるということです。そういう環境と関係の中で、人の人格は陶冶されていきます。

　ちなみに、対象児者にそう思われるような『誰か』の条件とは、前節のような微細な変化や成長に気づく眼力を持っていることです。また、対象児者と一緒に、その場や判断を分かち合う力を持っていることです。これが、見立てと実践につながっていきます。

　従って、養育者・教育者・支援者の見立て能力は、対象者と人や社会との関わり合いの中で、一生続くであろう発達というものをいかにして応援するのかを決定づける大きな要素になると思います。

子育てや教育に関する格言は数多くありますが、僕がよく参考にするのは『子育て四訓』というものです。これは、山口県で教育委員長など長く教育に携われた緒方甫さんの言葉だと聞いています。人（子ども）が社会に巣立っていくまでに、養育者や教育者に求められる関わり方が簡潔に言語化されているので、僕は大変気に入っています。ですから、よく親や職員に説明をするのに使わせてもらっています。

　以下、僕流に解説したものと併せて紹介します。原文の内、主なものは次の四行です。

　乳児はしっかり肌を離すな
　幼児は肌を離せ　手を離すな
　少年は手を離せ　目を離すな
　青年は目を離せ　心を離すな

　この四訓は、便宜上四つの層に発達段階を分けて、それぞれのステージに合わせた付き合い方がシンプルに描かれています。僕がこれを使わせてもらうときは、文頭にある「乳児は」「幼児は」「少年は」「青年は」という年齢層を表す言葉を外して考えるようにしています。そこにとらわれると教条主義に陥り、「○歳だからこうしなきゃいけない！」という脅迫的な教育になる恐れがあるからです。実際には、行きつ戻りつすることもありますし、不惑の歳を迎えても、手も目も離さないほうがいい場合もあります。また、同じ人であっても、その時々で１〜４を大きく振幅する場合もあります。

## ①しっかり肌を離すな

　はじめてのことばかりで、不安が強い状態のとき。肌と肌を合わせ

2．それでも発達を保障する　99

て「大丈夫だよ」ということを伝えてあげる必要がある状態。

目標は、「自分は大切にされている」「世の中を信頼してもいいのだ」
ということがわかること、基本的信頼の感覚を持つこと。

## ②肌を離せ　手を離すな

いわゆる乳離れ。

協力し合って何かをやるということを家族やそれに近い人たちと経
験共有することが大切。やがて、親以外の人と協力し合って生きて
いけるようになるための練習にもなる。

これを通じて、自分を大切にする心、自尊心の基礎を育てることが
目標になる。

①で得た基本的信頼感をベースに、外に向けて自律的に働きかける
経験を通して、加減調節を覚えていくことが大事になる。

## ③手を離せ　目を離すな

身近な仲間という小さな社会に出ていく時期。家族の外に軸足を移
そうとして、チャレンジする時期。家族以外の人とでも、うまく付
き合っていけるような力をつけることが大事。

親の庇護から離れてみたい気持ちが出てくるから、反抗もする。

この時期、反抗の意味は、「どこまでだったら許されるのか」を知る
ことにある。それ故に、「それを言っちゃあ、おしまいよ」というよ
うなことがあったら、身を挺してでも止める。この辺の判断は、大
人にとって責任重大。

自分が関わり合ったり、所属しているグループ（小さな社会）に対
して貢献するような経験をしたりして、それに対する評価が比較的
高ければ、勤勉な人になっていくし、失敗が多すぎれば、自信がな

く劣等感の強い人になっていく。また、失敗したときのリカバリー
も大切な経験になる。周囲への貢献を通して、自尊心が育つべき時
期でもある。

### ④目を離せ 心を離すな

自立を目指して葛藤する時期。

自分が世の中を渡っていくために、何が必要なのかを、現実と夢想
を行ったり来たりしながら考える。自分はこれができる。これにつ
いては、人様の手を借りる必要がある。そういった、分別をつけて
いくことが大事。そんなことを繰り返しながら、世の中における役
割を取得していくことが目標。

一朝一夕にできることではないが、試行錯誤しながらも、周囲と自
分との間に折り合いをつけていき、価値観、人生観、生き方、職業
などを決めていく。

これに失敗すると、人格が統一されず、社会へのコミットメントが
できない状態になってしまう。（役割混乱と同一性拡散）

大人になるという意味で、生理学的な変化と社会的な葛藤を乗り越
える必要がある。目を離して本人に頑張らせる必要もあるし、心を
離さずに、社会の中に役割を得られるところまで応援していく必要
もある。

どのステージにいる場合でも、濃淡はありつつも誰かと一緒に場を共
有し、誰かと一緒に判断を分かち合うということが基本になります。分
かち合うということは、完全に依存することではなく、主体性を保ちつ
つ一緒にいるという状態をつくらなければ可能になりません。そして、
発達に遅れのある人たちの場合、これがすごく下手なケースが多い印象

です。だからこそ、ある程度意図的に、分かち合う経験を積めるように設定し、応援しなければいけないのです。その仕掛けが、生活の中に意識的に鏤（ちりば）められている必要があると思います。

ABAであれTEACCH*5であれ○○療法であれ、エビデンスがあろうがなかろうが、それが単なる行動変容を目的とした技法に留まってしまえば、それは、その場その場で療育に当たる者が楽をするためのものにはなっても、対象児者の人格的な発達を保障するという本来目的を達成するものにはならないでしょう。

## 障害は個性？　〜たて前と本音の世界〜

「障害は個性だ」と、よく言われます。批判を覚悟で言わせていただけば、これは詭弁だと僕は考えています。個性を生かそうとするときにネックになるものを「障害」と呼ぶのです。ですから、障害＝個性だという話にはなりません。

実際、彼らと日々関わっていると、障害＝個性という認識の枠組みは、もろくも崩れ去ります。固定的な『障害個性論』は、本音を封印し、たて前を前面に押し出し、一見解決したようにみせかけているだけだとしか思えません。個性だったとしても、生活経験を積んで成長すれば変わっていくでしょう。であれば、成長につながる経験を積む場を保障することのほうが、今の生活障害がある状態を固定的にとらえて「個性だ」などと言っているよりも、ずっといいのではないかと思います。現場にて、止むことのない彼らの激しい行動を目の前にしたとき、固定的な『障害個性論』は何の救いにもなりません。家族と支援者と本人を、望ま

---

*5　TEACCH（Treatment and Education of Autistic and related Communication-handicapped Children）アメリカのノースカロライナ州で行われているASD（自閉症スペクトラム障害）の人とその家族を対象とした生涯にわたるプログラム。構造化された指導法を用いることも特徴の一つ。

ぬ方向へ導いていくだけなのです。

　第1章で取り上げた次郎（62〜74頁）の事例にて、若い僕は、本音とたて前を使い分けることをよしとしませんでした。本音とたて前の世界ではなく、理想と現実の差を見つめ、現実を理想に近づけようと企み、実行しました。あのとき、もし僕が本音とたて前の世界にいて、たて前を本音のほうに揃える方向で企んでいたならば、それは相模原の津久井やまゆり園における殺傷事件[6]と質的に同じことになったと思います。もちろん、殺すことはしないでしょうが、精神的には殺したのも同然であり、『飼殺し』状態をつくることになります。僕のケースがそうならなかったのは、本気で理想を現実化しようとした奇人の僕を、咎めることなく、片目を瞑って見ていてくれた周囲の人たちがいたからでしょう。

　僕は、理想を現実化するのに障害となっていることは何かを考えました。ボトルネックというやつです。その結果、前述した次郎の問題は、とてつもない付き合いにくさにあると思いました。社会が障害をつくるという考え方もありますが、その文脈で考えたとしても、「周囲の人間や社会が、彼らの付き合いにくい未発達な部分を当たり前のこととしてしまうのが悪い」という風にしか思えませんでした。次郎の状態の悪さを「個性だから認めろ」などというのは、発達保障の筋を外れた廃退だとしか思えませんでした。ですから、僕はこの期に及んで「問題行動群を個性として認めない」という方針をとったのです。個性は、別の形で育まれるはずだという考え方です。

　まず僕は、次郎が僕の話を聞こうとしないということが問題だと思いました。彼は人づき合いの基本を学習してきていないと考えたのです。

---

[6]　平成28（2016）年7月26日、神奈川県相模原市緑区の知的障害者施設「津久井やまゆり園」で入所者19人が殺害され、職員2人を含む26人が重軽傷を負った事件。容疑者植松聖の犯行声明文（当時の衆議院議長・大島理森宛の手紙）には、常軌を逸した内容が書かれていた。

話を聞く＝場を共有するということです。場を共有しなければ、文字通りお話になりません。

　若い僕は、「状態の悪い」次郎の状態をよくすることができると信じて、彼と付き合いました。それは、次郎が発達するきっかけになったかもしれません。しかし、きっかけを得た後の次郎は、周囲の人たちをいい意味で驚かせました。言葉を持たない彼が、こんなにも豊かに周囲の人たちとやり取りして、隣人として社会と馴染む生き方をするのかと。

　人が人との関わり合いの中でその人格を豊かに発達させていくということは、本人がそれを意識していなくても、社会を豊かにしていきます。人格の陶冶は、次郎のような最重度の知的障害と言われる青年にも起こります。そのことが、そのまま糸賀一雄*7さんの言う「世の光」になっていくとしたら、こんなに素敵なことはありません。

　あの頃と比べると、僕は歳をとりました。しかし、今でも『適切な人』『適切な場』『筋の通った訓練や教育』があれば、それは可能だと考えています。

---

*7　糸賀一雄：大正3年3月29日、鳥取市に生まれる。昭和21年11月、戦後の混乱期の中で池田太郎、田村一二両氏の懇請を受け、知的障害児等の入所・教育・医療を行う「近江学園」を創設し、園長となる。以来、あらゆる困苦と戦いながら、学園の充実を図るとともに、西日本で最初の重症心身障害児施設「びわこ学園」を設立するなど、多くの施設建設を手がけるとともに、中央児童福祉審議会・精神薄弱者福祉審議会の委員や全日本精神薄弱者育成会（手をつなぐ親の会）の理事として、国の制度づくりにも尽力する。また、「障害の早期発見、早期対応」のための乳幼児検診システムの確立に寄与するとともに、多くの指導者を養成し全国に送り出すなど、我が国の障害者福祉の基礎づくりに多大な業績を残している。これらの取り組みにおいては、重度の障害児であっても、人間としての生命の展開を支えることが重要であるとの理念のもとに、「この子らに世の光を」ではなく、「この子らを世の光に」と唱え、人間の新しい価値観の創造を目指した人権尊重の福祉の取り組みを展開し、その精神は、現在もなお我が国の多くの福祉関係者に受け継がれている。昭和43年9月17日、滋賀県児童福祉施設等新任職員研修の講義中に倒れ、翌18日に死去する。（公益財団法人糸賀一雄記念財団ホームページ（http://www.itogazaidan.jp/）より抜粋）

## 3. 原点回帰

### マーケットになった障害児者

　第1章の中にある『インクルーシブ風応援の初体験』という一節で、『惻隠の情』という言葉を使いましたが、これが教育や福祉の基本です。しかし、これをサービスとして位置づけて、商業ベースに入れ込もうとすると、ややこしくなります。

　前節の最後に紹介した糸賀一雄さんの時代は、発達に遅れのある人たちを視野に入れた教育・医療・福祉の黎明期でした。今は違います。国は制度設計をする際に、利用対象を細かく分類し、それに対応する公的な支援制度を張り巡らせます。専門性とインクルーシブという対立概念化しやすい二つの理念を参照しながら、機能の細分化は進みます。支援を提供する事業所側は、細分化されたサービスを提供した分だけ、国にかかった費用を請求します。施設を経営する人たちは、血眼になってその制度を使うことを考えざるを得なくなっています。その陰には国の台所事情も濃厚に絡みます。

　もともと上手くいっていなかった福祉と教育の連携を形にするためにも、さらに制度ができます。そんなことをしているうちに、制度というものは、使う人にとって、あまりにも複雑でわかりにくいものになってしまいました。国が率先して合理的配慮義務を怠っているというのが実情なのです。

　現場からの国や地方公共団体への要望も、無意味に細かくなり、我欲すら見え隠れするものになってきます。一方、国は拡大する一方の対象者への社会保障費をいかにしてやりくりするかということに一所懸命になっています。国が支出を絞り、消費税を上げていくことが福祉や教育

の財源確保につながるのかどうかという議論はさておき、深い、筋の通った議論が出てきにくくなったような気がしてなりません。

　そんな中で、発達に遅れのある人たちがマーケットになっているのを感じます。障害者雇用というものについても、独特のマーケット（労働市場）としてとらえられるようになり、それを煽るような雰囲気すらあります。いつの頃からか、彼らはメンバー（構成員）ではなくクライアント（顧客）になってしまいました。現場も、制度をつくる側も、そのことに何の疑問も抱かなくなっています。

　（違う。糸賀一雄さんは、みんながメンバーだと言っていたはずだ）

　と、青臭い僕は思うわけです。

　好むと好まざるとに関わらず、クライアントになってしまった発達に遅れのある人たちは、教育や福祉、或いは職業紹介業などが、利用してもらってナンボ、転職させてナンボの世界で成り立っているのだという現実を知る必要があります。はっきり言ってしまうと、本来の目的や任務を意識しないがために勘違いし、筋の通らないことをやっている『業者』もたくさんあるということです。あるいは、目的について深く考えたことがない事業所も多いでしょう。利用してもらうだけであれば、それでも何ら問題ないわけです。むしろ、ニーズを考えるよりもデマンドに応えていたほうが、お客さんは集まります。

　そういう現実の中で、よい支援者を選びたければ、利用する側が本来の目的をしっかりと意識しなければいけません。結果的に、それが本人の成長や発達につながっていくのかどうかを自分たちの頭で考えなければいけないということです。

　社会福祉事業についても、障害福祉サービスなどと言われるようになり、この事業の分類はサービス業だと本気で説明する人もいます。そんな状況を憂いながら社会全体を見て比較すると、これだけ情報の非対称

性が甚だしいマーケットも珍しいでしょう。そして、そのことを利用しているかのような事例もあります。個別に必要性（ニーズ）を考えた末に転職を進めるのではなく、調子のいい宣伝文句で一斉に人を煽って、なびいたお客さんを獲得するかのような支援擬きは「貧困ビジネス」と言われても仕方ないでしょう。それどころか、「貧困化促進ビジネス」だと言われかねません。

## 古くて新しい事例

　どんなことにも原点があります。教育や福祉にもそれがあると思います。しかし、多くの人はそれを意識しません。様々な事情から、今をやり過ごすことに精一杯なのです。今日的な事情はさておき、教育や福祉の原点を考えなければ、障害児者を応援する立場にある者たちが進んでいる航路にズレがないかどうかのチェックはできません。

　前項で僕は、ある種の教育や福祉について、「貧困ビジネス」どころか「貧困化促進ビジネス」だという、身も蓋もない言い方をしました。僕がそのような言い方をするのは、駆け出しの頃に先輩方から聞き及んでいることと、「貧困化促進ビジネス」の有り様が、あまりにも違うからです。理想はたて前に成り下がり、さらに、たて前は本音と乖離して、様々なところで歪みを起こしています。前にも述べましたが、相模原で起こった戦後最悪と言われる殺傷事件は、この歪みが元凶になっているというのが、僕の考えです。

　本書のテーマは「インクルーシブ発想」という概念です。インクルーシブという外来語自体は、教育や福祉の歴史において比較的新しい概念です。こういった概念が必要になることの背景には、それがなければ障害者に纏わる社会問題が焦げついてしまうという危機感があるのだと思います。

3．原点回帰　107

　先述した糸賀一雄さんたちが、障害児者の発達を保障しようとして近
江学園という施設を立ち上げた時代は、インクルーシブという言葉すら
ありませんでした。しかし、その思想と実践の基になる発想は、制度が
細かく張り巡らされた現代よりも、インクルーシブなものだったと思い
ます。近江学園という施設が設立された昭和21年当時は、今よりも遙か
に生きていくことが大変だった時代です。以下、インクルーシブを糸賀
一雄さんに語らせると、たぶんこうなるだろうという考えを基に、まと
めてみます。

・作業とか遊びとか生活一般は発達に遅れのある者もない者も、ミ
　ックスでやれるし、当然やるべきである。
・ひとつの仕事でも、お互いの持前を組み合わせて、協働してやり
　遂げる。これは扶け合いの精神を彼らが体得するということもあ
　るが、同時に、発達に遅れのある人たちだけではできない仕事や
　作品が、混ざり合うことによって完成し、彼らもひとつのこと、
　ひとつのものを成し遂げた喜びを分かち合い、自分にも何かやれ
　るのだとわかる。
・この喜びは、いい刺激となって次の仕事、次の段階に向かって何
　かやろうとする意欲をかき立てる。
・一方、平均的な発達の人も、そうでない人たちとの共同作業や生
　活の現場で、生きづらさを抱えている人たちへの本当の理解（ヒ
　ューマニズム）を体得するのである。
・この両者の提携という一同関係で進められる生活は、これをおし
　広げて考えれば、社会の本来の姿ではなかろうか。
・その上に立って、発達に遅れのある人が社会に出て働くためのも
　とになる職業指導を考える。この指導は、学校のいわゆるままご

とのような非生産的なものを、教育という名にかくれてもてあそ
ぶようなものではいけない。それでは、きびしい社会に子どもた
ちを送り出すことはできない。実社会のきびしさを教育や訓練に
取り入れた、背水の陣の体勢あってこそ、初めて、働くことの態
度や技術が身につくのである。

　「働き方改革」が叫ばれる現代には出てこない発想かもしれませんが、
糸賀一雄さんは、宮沢賢治の詩を引用して、こう書いています。

　　これからほんとの勉強はねえ
　　テニスをしながら商売の先生から
　　義理で教はることでないんだ
　　きみのやうにさ
　　吹雪やわづかの仕事のひまで
　　泣きながら
　　からだに刻んでいく勉強が
　　まもなくぐんぐん強い芽を噴いて
　　どこまでのびるかわからない
　　それがこれからのあたらしい学問のはじまりなんだ…
　　という、宮沢賢治の詩にあるほんとうの勉強を、子どもたちに与
　えたかったのである。そして、子どもも職員も、常に生成発展して
　いく気質と努力、新鮮な体当たりの生活をする学園でありたかった。
　（糸賀一雄『福祉の道行─生命の輝く子どもたち─』中川書店、2013
　年）


　先にも述べたとおり、糸賀一雄さんの時代にインクルーシブという言

葉が福祉や教育の世界で使われることはなかったと思います。しかし、本に書き残されていることの内容を読めば、これは明らかにインクルーシブな発想です。

　糸賀一雄さんと言えば、『社会福祉の父』です。ということは、そもそも日本における障害福祉の原点はインクルーシブ発想なのであり、それが実現できない危機意識から、改めてインクルーシブという横文字を引っ張り出してきて考えているのだと思います。これでは、ぐるぐると回りながら悩んでいるだけで、考えていることになりません。どこかに考えるヒントはないかと思考を張り巡らせます。近江学園が設立された頃よりも、時代をさらに遡ってみます。


　山下清という人物を知っている人は多いと思います。しかし、その実像を知る人は少ないと思います。僕だって知りません。テレビドラマになった山下清を見たことはありますが、実物を見たわけではありません。ただ、僕が駆け出しの頃に仕事を教えてくれた先輩たちの中には、直接会った経験を持つ人もいて、そういう人づてに、彼の様子を聞いたことはあります。そんな古い話を思い出して、書いてみたいと思います。

　清は昭和９年に、八幡学園という精神薄弱児（今で言う知的障害児）を養護教育する施設に収容されました。

　清を収容した学園の生活について、当時の臨床心理学者である戸川行男が『特異児童』（目黒書店、1951年）という本に書いています。

　この本には数名の八幡学園利用者が取り上げられています。その中の１ケースとして山下清が取り上げられています。

　清が八幡学園に収容されるに至った理由は、多くの修正困難な問題行動でした。彼においては、盗み・無銭飲食などは日常茶飯事。一番大変だったのは、無差別に刃物で人を刺すという「狂暴な行動」でした。学

業は劣等、その上に強迫的恐怖から友人を見境なくナイフで傷害するなどの狂暴な行為が十数回もあり、一時は興奮して錯乱状態に陥ったりしたので、遂に昭和9年に八幡学園に送られたのです。

清は、八幡学園で生活するうちに、世間によく知られるような絵を創作するようになりました。しかし、当時の八幡学園は、「美術学校ではない」という態度を貫きました。良い生活を子どもたちの集団生活において身に付けさせることを目的とする旨を明確に主張していたようです。従って、八幡学園は、清の絵を代表にする作品群を「如何に素晴らしいものであらうと要するに教育の一副産物にすぎない」と言い切っています。

学園の方針は、「踏むな育てよ水灑（そそ）げ」という標語に現されていますが、ひと言でいうと、「良い生活をさせる」になります。実にシンプルです。『特異児童』に書かれている内容を読めば、それは、こう表現されています。

「真に良い生活だけが真に良い教育なのだ」

「教育法とは生活法である」

「ゲラゲラ笑ひ、はしやいで暮すのが良い生活ではない。我儘勝手な生活が自由ではない」

「信賞必罰を明白にして厳正な規律のもとにきちんとした生活をさせねばならない」

要するに、生活実践であったということがよくわかります。

清を引き受けた八幡学園は、「狂暴」というレッテルを貼られて入所してきた清と向き合いました。

「入園後も、しばらくは此の狂暴な行動があり、畑作業中の25歳の成年者に対して鍬の一撃を加えたことがあった」

と記録されています。

当時の福祉制度が、今現在と比較して、どれだけ貧弱であったかは、想像に難くありません。その中で八幡学園は、清以上の問題を抱えた多くの子どもたちをたくさん受け入れて、個室など夢のまた夢という建物環境と人員配置の中で、集団生活を営みつつ、文字通り『個別支援』を行っていました。八幡学園は、清が「狂暴」になっていく過程を、世間の評判とは別の視点で分析し、彼が常軌を逸していると言われるほどの凶行を起こす理由を突き止め、収容施設における集団・日常生活を通して、いわば生活療法的に清と関わり合っていたように思います。

八幡学園においては、清の成育歴は格段劣悪というわけではありませんでした。むしろ、いい方であったと言います。それは、清の生育歴が他の子どもたちと比較して、「天国のよう」だと表現されていることからも想像できます。だからと言って、清が本当に天国みたいな養育環境で育ったというわけではなく、清以外の子どもたちが、この学園に収容される以前に、如何に悲惨な生活を強いられていたかということを伺わせる一文です。実際、この学園では、救護法や児童虐待防止法というデキタテホヤホヤの法律によって送致されてくる者たちが、その大半を占めていました。

読者は、児童虐待防止法についてはおわかりかと思いますが、救護法というのは聞いたことがないかもしれません。これは、後に生活保護法の施行で廃止された法律です。清のように、「天国のような成育歴」と表現される者であっても、救護法によって措置されているのだから、今日入所施設で預かる人たちのそれと比べれば、恐ろしく劣悪な環境下で育ってきています。しかも、知的障害があるとなると、世間の見る目は相当に厳しかったと思います。当時の八幡学園は、近所から「馬鹿学校」と露骨に云われていたと言いますから、その差別感は、今とはレベルが違います。

『特異児童』には、八幡学園に寄宿する子どもたちの例として、「食物を反芻したり着物や蒲団をたべてしまつたり」する、貧困児、孤児、捨て子、被虐待児、住む家のない子、などが多く、皆一様に発達が遅れていたと言います。そういう子たちとの集団生活の中で、清の『個別支援』は積み重ねられました。

　当時だって、個別支援計画はアセスメントを基にプログラムされていました。アセスメントとかプログラムとかいう横文字が使われていなかっただけのことです。さらに言えば、今のような通り一遍の、つまらないアセスメントではなかったようです。たぶん、対象者が、そんなもので太刀打ちできるような相手ではないからでしょう。以下は、そのアセスメントの際に記録されたものです。清自身が自らの問題行動を思い起こして記述した文章を誤字脱字もそのままに転記します。原文に句読点はなく、（　）内は髙原の意訳になります。


　「は者で人にきずを付けたのは一年に五六回位たつた」（刃物で人を傷つけたのは、１年間に５〜６回位だった）

　その理由は、

　「ばかばかと行つてからかはれたり」「氣狂だと言つてからかつたり」「皆が僕の事氣狂氣狂とからかつたりして僕はしやくにさはつて、又、は者でやつてやらうかと思つた」からです。

　そこに、

　「相手が自分より強い人」

　という恐怖が今一つの原因として付け加わり、棒を振り回すところから始まって、周囲から棒を取り上げられれば、今度は、

　「今度はけんくわをする時どんな武器をもつてやらうかと考へて」

　少し経つと、

「自分より強い人とけんくわをする時には、ないふはいひけんくわの武器だと思つてしまひました」

と、刃物を使うことを思い付き、ナイフを使うことにしたと言います。

八幡学園の職員は、清によるこれらの発言から、

〈これが清君の狂暴性の本質である〉

と判断するに至ります。大事なのはここから先の評価と分析です。学園の職員は、

「清は、頭がやや大きく猫背で軽く吃り、動作は緩慢、表情を欠き、いつもぼっとしていてなにやら老人くさい。偏屈で、のろくて、無口で、独りぼっちである。そんな彼を見て、誰も清が"しゃくにさわつたり"しているとは想像出来ない。ここに危険がある」

と考えます。清を特別なものとして見る市井の環境においては、彼の問題行動は究極まで悪化してしまったわけですが、学園は清を特別なものとして見ることをやめ、バカにされて癪に触っている人である清に気づき、そのうえで、「信賞必罰を明白にして厳正な規律のもとにきちんとした生活をさせ」る方針で関わります。

この見立てと実践こそが、個別支援の神髄なのです。清の狂暴な行動は、彼が昭和９年に八幡学園に入った後しばらくして消失し、後に残ったのは、臆病で絵が上手く、盗癖のある彼でした。後に騒がれ有名人化した清は、ここに書かれているような八幡学園での生活を経た後の彼です。


（引用した文章の中には、人権擁護の見地に照らして、不適切と思われる語句や表現がありますが、当該著者に差別的意図はありません。当時の職員や故山下清自身の気持を表すものであることと、時代背景を共有するために、あえて原文のままとしました。）

入所施設の威力というのは、色々な形で語られます。まず思い浮かぶのは、火消しの役割です。燃え盛った問題行動を、構造化された環境調整で鎮静化させるという機能は、入所ならではのものでしょう。しかし、実は、施設の主戦場はその先にあります。刺激に反応してしまうような行動障害が一定落ち着くと、その人なりに、もっと深いやり取りが可能になります。そこから先が本当の成長発達なのです。障害児者が「良く育つ」ためには、少なくとも、平均的な人間が良く育つために不可欠な環境が必用です。特に重要になるのはソフト面の豊かさです。

　対象者である彼や彼女が言ったこと、やったことに振り回されるのではなく、なぜそういうことを言ったり、やったりするのかを突き止め、そこにアプローチするような取り組みが必要なのです。

　「入所施設は集団生活だから、個別支援ができない」と言うのであれば、昭和9年（1934年）という時代に、山下清のような事例は出てこないはずです。昭和9年という時代にあったのは、ハード面の不足を補って余りあるソフト面の豊かさだったに違いないと、僕は想像しているのです。

　ソフト面を考える上で大切なのは、対象者が何に取り組むかというより、どういった目的を持って取り組むかが重要だということでしょう。それに加えて、誰と取り組むかも重要になります。当人にとっては、何を言われたかよりも誰に言われたかのほうが10倍大事なことだったりすることは、よくあることです。そして、最も大切なのは、その取り組みが本人の幸せに向かっているのかどうかということです。

　幸せの中身は人それぞれですが、対象児者の表現能力が乏しいからといって、目先のことだけにしか喜びを感じないと決めつけるのは間違っています。

　直接支援にあたる職員は、ゆくゆくは対象者と一緒にいるのが自分（職員）ではなくても、「良い生活」ができるようになることを目指しつ

つ、自分の存在をかけて対象者と関わり合うのです。僕らの仕事は、そんな仕事なのではないかと思います。

　昭和・平成・令和と、発達に遅れのある子どもや大人と関わってきた僕は、障害児者を対象にする仕事を続けるに当たっては、給料以外にも喜びがあったほうがいいと思っています。この仕事の場合、それは、対象者の人格的な成長や幸せに触れた一瞬に他なりません。人格的な成長は、その人が何かをやり遂げたり、自分と関わる誰かに貢献したりすることで遂げられるものなのだと思います。対象児者に、そういう環境を保障することこそが、学校や施設の目指すところなのではないかと、僕は考えているようなのです。

# 4．インクルーシブへの道行

## 個人モデル

　僕らの職場は知的・発達に遅れや凸凹のある人たちの割合が大きく、身体障害者手帳のみを持つ方はほとんどいません。しかし、まれに、肢体不自由の特別支援学校の生徒を受け入れることがあります。ある年、下肢に障害がある生徒の強い希望を受けて、彼の実習を引き受けました。

　実習する生徒の名を良介と言います。良介は、車椅子がなければ生活できません。良介が、車椅子を取り回せない場所で移動するためには、両腕を使って這って移動するしかありません。僕などは、それを見るとすごく大変そうだと思いますし、実際大変なのでしょうが、良介自身は飄々とした風体です。

　実習する前に、良介と彼の母さんと担任の先生が、打ち合せと見学を兼ねて来所しました。安普請の作業場には、車椅子が取り回せるだけのスペースがありません。従って、実習中の室外から室内への移動につい

ては、入り口に車椅子を駐めて、作業場の椅子に移乗するという方法で行うことになりました。何が魅力だったのか、良介は、そこまでしてでも僕らの職場で実習をしてみたかったのです。

　見学後、実習することを決断した良介は、車椅子を駐める場所への侵入経路を確認するために、実際にアプローチしてみました。一同、そこに段差があることに気づきました。反射的に、僕はその段差にスロープをかけることを提案しました。すると、それを制するように、担任の先生の眼がメガネの奥で動きました。そして、小さく呟きました。

　「ギリ、行けるなぁ……」

　先生の目はプロの目です。プロの呟きを聴いた母さんは、良介と一緒に苦笑いしながら言いました。

　「自分で考えてみろって言うんでしょ、先生」

　先生は頷きます。良介も頷き、動き出します。良介は、車椅子の侵入角度を微調節しながら切り返しつつ、段差をかわして車椅子を入り口に停車させました。そのときは一苦労でしたが、彼はすぐにコツをつかんだようでした。実習中の良介は、アプローチの作業を器用にこなし、僕のスロープ提案が余計なお世話だったことを証明して見せました。

　実習の内容も見事でした。良介にとってははじめての職場実習だったのですが、緊張しつつも、自分ができる範囲の作業を着実にこなし、笑顔もみせながら、自信をつけたようでした。

　「ありがとうございました！」

　実習後の良介は、すがすがしく頭を下げて礼を言いました。

　「こちらこそ！」

　僕は思わずそう言いました。「こちらこそ、ありがとう」と言いたくなるような、良介の姿勢だったからです。

　この事例は、どっちがどっちをインクルーシブしたのか、よくわかり

ません。たぶん、どっちもインクルーシブだったのでしょう。そうでなきゃいけません。あの場に存在していた清々しい空気を思い出すたびに、そのように思うのです。


　もう一つ、別のケースをあげます。普通高校を卒業した、発達に凸凹のある青年です。

　権太は、20歳の青年です。本人曰く、『聴覚過敏』があると言います。本人はそれを特性だと言います。僕には権太が、「特性だからどうしようもない」と言っているように聞こえます。権太の耳が拾う音とは、中度の知的障害と自閉症スペクトラムの診断をもらっている同僚の声なのだそうです。そして、同じようなタイプの人の言動については、ことごとく嫌います。ブツブツとつぶやいている彼の声が、どうしてもかんに障るというのです。しかし、よく見ていると、つぶやいていようがいまいが関係なく、嫌っているようでもあります。

　僕は権太に対して、言いました。

　「それは聴覚過敏ではない。意識の偏りだ。聴覚の問題ではない」

　検査もせずに断言するのは乱暴な話かもしれません。でも、事実だからしょうがないのです。従って、このケースに対する僕の第1選択肢は、ノイズキャンセラーやイヤーマフといったテクノロジーや、セパレートによる環境調整ではありません。むしろ、環境調整は最小限にとどめて、権太が本来そこにある場の目的から逸れずにいられる集中力を発達させる訓練を積めるようにすることが大事なのです。こういう例は、めずらしくありません。

　権太と彼の家族は、僕の提案を受け入れて、必要なことに集中することを意識して生活をし始めました。権太は心機一転、見分け、聞き分け、必要に応じて集中するという訓練を日常的に積み重ねるようになりまし

た。また、口先だけでなく態度として相手を尊重することも覚えました。その結果、特定の対象への過剰な意識と注意が減じて、対象との間に心理的な距離をとれるようになりました。

　この指導は、一見すると権太の嫌う刺激から彼を逃げさせないのだから、彼の自由を奪っているように思えます。しかし、結果的に彼は、執着の対象から自由になったのです。そのことをきっかけに、権太が主体的に生活できる範囲は、次々広がっていきました。

　自閉症スペクトラムの人によく見られる現象ですが、過敏と鈍感が同居しているような状態があります。何かに過敏になってしまうとか、何かに過集中してしまうことで生活し辛くなっている人は、集中すべき対象が意識から外れてしまったり、注意を向けるべき対象に注意が向いていなかったりします。気になること（必ずしも、やるべきことだとは思っていない）に対しては、異常に集中するけれど、そうでもないことに対しては、注意を向ける必要があっても無頓着になったりします。こういう傾向は、良いほうに出る場合もあれば、悪い方に出る場合もあります。この場合困るのは、彼がこの結果をコントロールできないことなのです。要するに、自分自身の意識とか注意について、主体性を保ちつつ調節できていないのですから、不自由な状態なのです。

　よくあるのが、好きなことをするときはさっさと動いて遅刻しないのに、そうでもないときは、不必要なことにたくさんの時間を使ってしまい、遅刻するというものです。このことに対して課題意識を持っている人は、訓練によって調整力がついて、刺激や対象との距離を適切に保てるようにもなっていきます。こういった調節能力は、真剣に取り組めば、それなりに発達するのです。しかし、課題意識（＝向上心）を持たなければ、発達もしません。また、課題意識（＝向上心）があっても、それを解決する戦術を持っておらず、場当たり的な自主トレになってしまう

4．インクルーシブへの道行　119

場合は、その分発達が遅れます。

　ただし、今の時代は、求めれば質のいい適切な戦術を教示してくれる人や情報と出会える可能性はあります。そういった人や情報と出会うことで、状況が変化する場合もあります。

　もちろん、いかなる場合も、自覚と自助が基礎になります。応援は自覚と自助の姿勢があってこそ得られるものです。この姿勢は、しばしば「健気」という日本語で表現されます。これが個人の要件として最も重要なものです。

　発達障害というのは、発達しないという意味ではなく、発達する過程に手間暇がかかるという意味です。やり方と姿勢次第で、その人なりに発達していくと考えるのが筋です。権太のような子を療育する側には、聞き分ける能力や必要な方面への集中力を育てる義務があり、本人には、それらを身につける権利もあります。

　「自覚と自助」だとか、「健気」だとか、18歳になって初めてそんなことを言われるのは大変でしょうから、本当は小さい頃からじっくりと、それを育てるような訓練を積み重ねるのが一番いいのです。しかし、18歳になってから「そんなことは、聞いたことがない」という人が僕らの前に現れた場合、そこからスタートするしかありません。

　便宜的な話ですが、障害のとらえ方には「個人モデル」と「社会モデル」の二つがあります。前者は、障害者自身の機能的な不備不足を障害とする考え方です。後者は、障害者を取り巻く世間に対応力がないことを障害とする考え方です。Aさんについては、前者が100％。またBさんについては、後者が100％、などということはあり得ないのですが、今日的には後者の視点から課題抽出をすることが、論として優勢なのではないかと思います。そんな中で、僕はあえて個人モデルの角度からインクルーシブ発想を語ってみます。

社会参加するときに、個人として満たすべき要件があるとするならば、それは、生活から学び発達し続けようとする姿勢を持っていることです。姿勢を生活態度と言い換えてもいいでしょう。従って、それを応援する立場にある人たちは、彼自身が成長発達していくことに対して、そのこと自体が、本人の誇りになっていくことをイメージして関わっていく必要があります。

　前述の権太の場合は、見分けたり聞き分けたりする訓練と、必要なことに注意を向け続ける訓練とが効果を上げて、その不自由から解放されました。権太のようなケースは、決して珍しいケースではありません。反対に、どうしても社会モデルからも一部課題を抽出し、合理的だと思われる範囲の配慮を必要とする人もいます。

　権太のような人たちを見ていると、子ども時代の過ごし方に悔やまれる点がある事例が、少なくありません。必要な経験と、その意味理解が、必要なタイミングでなされて来ていないのです。凹んだ部分が平均的なレベルにまで発達する潜在能力はあっても、発達する機会がなかったということです。

　別のタイプもあります。プロも養育者も、単純・無造作に（何の戦略も持たずに）集団に放り込むだけのような育て方になっていることを自覚できていない場合です。これはこれで、社会に出ることに対して不安が強すぎるような、困った様相を呈するようになります。

　優れたプロや養育者は、本人の置かれている境遇を洞察しつつ、対象児者が発達上のどんな課題を乗り越えようとしているのかを察知し、それを基に応援するものです。そういった指導と出会うと、個人の能力は余すことなく成長発達し、個人モデルだの社会モデルだのと言う必要がない状態になります。ただし、成長・発達するのは本人ですし、身近な人たちとの関わり合いの中で、その能力は成長発達します。人任せプロ

任せにしておいて、充実した青年期を迎えられる人はいません。

　プロとしての僕自身を振り返ってみると、力不足でそういう応援ができなかったことも多く、申し訳ない気持ちになります。

## 生きる意味

　本書の構想を練るにあたって、最初に考えたのは、インクルーシブ発想の逆についてでした。真逆の例は何かと考えたところ、自然と頭に浮かんだのは、直近に起こった二つの事件でした。一つは、戦後最悪と言われる津久井やまゆり園での殺傷事件です。もう一つは、2018年6月に走行中の東海道新幹線車内で発生した殺傷事件です。これらの事件は、加害者の社会参加プロセスにおいて、何らかの不備があったことで、起きたことだと思います。最終的にあのような形になる前に、彼らの経験として何が足りていればよかったのでしょうか。

　本書の第1章6節で少しだけ触れましたが、人間というものは理想（実現を目指す最高目標）を追いかけて現実を生きている間は頑張れるものです。ところが、理想がたて前（表向きの方針）になってしまうと、途端に耐えられなくなります。これは、矛盾に耐えられなくなった状態と言い換えられます。

　物事には納得できる矛盾と納得できない矛盾がある。そんなことを、現代美術家の大竹伸朗さんが『既にそこにあるもの』（筑摩書房、2005年）という本に書いていたことを思い出します。納得できる矛盾は大きな可能性を持つ。そして、ポジティブな諦めの気持ちすら感じると言います。しかし、その逆はどうか……。

　二人とも、事件を起こす前には、かつての理想はたて前だったと諦め、たて前と対になっている、認めたくない本音を認めざるをえなくなり、強引にそれを実行したのではないかと思います。二人とも取り返しのつかな

いことをしてしまいました。被害者の方たちに対して言い訳できること
など何一つないと思います。殺人を犯したという事実は一生をかけて償
ってもらうしかありません。しかし、僕らには解明すべきことがあります。

　彼等が最初に持っていたであろう理想は間違ったものだったのかと問
うてみると、間違っていなかった可能性があります。理想を追って現実
を生きる一青年だった彼等と、その周囲にいた人や社会との間に、一体
何が足りなくてこのようなことになってしまったのでしょうか。なぜ、
彼等は理想を追うことを諦め、たて前と本音の矛盾に迷い込んでしまっ
たのでしょうか。

　『生きる意味』を数値化することはできません。一人ひとりの感じ方
の問題だからです。そうであるにも関わらず、僕らは納税額の多寡や生
産性で人の存在価値を決められるかのような錯覚を起こしそうになりま
す。そういう空気の中で、僕らの役割は一体何なのかと再考してみます。

　すると、一人ひとりの対象児者について、何がどう幸せにつながって
いくのかを具体的に考えることだと思いあたります。その人が、何をも
って幸せを感じるのかについて考え、実践し、発信することではないか
と思うのです。

　北海道に、知的障害者の通勤寮で寮長を長く務めていた武田幸治さん
（故人）という方がいました。彼が書いた本の背表紙に、こんな言葉が書
いてあります。

　　人の倖せは、狭い、狭すぎるほどの小さな範囲のずっと深いところ
　　にあるようにあるように思います。知的障害であるかないかを超え、
　　地域とか施設という条件を超えたところに、私たちの思考と行動の
　　起点を置くべきではないか、と思います。

　　　　　　　（前掲：武田幸治『生きる―支えつつ、支えられる』）

4．インクルーシブへの道行　123

　行数にすれば、わずか3行の文章です。しかし、僕の意識に深く刻み込まれた3行です。僕は、心に迷いが生じたとき、縋るようにして、この背表紙の3行を読むことがあります。そうやって、何十回も読み返した文章です。

　僕が考えているのは、対象が人である以上、その表現は無機質な数字だけではなく、「狭く小さな範囲のずっと深いところにあるエピソードを語る」という文学的な手法を用いる必要があるのではないかということです。

　一方で、これは客観性を失いやすく、危険な側面もあると認識してもいます。しかし、そういうリスクを背負って、むしろそれを補完するためにも、しっかりとエピソードを語り合っていく必要があると考えます。そうすることで、支援に関する相互理解は進み、現場実践として使える情報として、それらのエピソードを紡いでいくことができると思うのです。

　「間主観性」という言葉があります。ある現象の捉え方として、客観的ではないが、主観的でもない。それを対話のテーブルにのせたときに、対話している人たちが共有できるようになるもののことだと理解しています。これは、教育・療育・福祉の世界で最も大切にされるべき事柄だと思います。

　僕らは、体験したことや実践したことを間主観的にとらえ、共有していく努力を積み重ねなければいけません。当然、何らかの障害があるという理由で僕らの支援範囲に入ってきた人たちとの対話においても同様です。障害者手帳を持っていようがいまいが、それは同じことなのです。


　ソーシャル・インクルージョンという遠大な理想について考えるとき、それがたて前になってしまわないようにするためには、どんな目標と行

動が必要なのでしょうか。

　1970年前後に、「反精神医学」と呼ばれる思想がもてはやされた時代がありました。これは、僕に言わせれば「極端な社会モデル」で、精神医学があるから精神病ができる、という考え方だったように思います。反精神医学を標榜する人たちは、精神医学という概念はでっち上げの概念だと言いたかったのでしょうか。その時代について、精神科医の故臺弘さんが著書の中でこう書いています。（＊括弧内は髙原の補足）


　　それ（反精神医学）に同調する人々は、社会が病んでいる時、その社会に適応しない者は精神病者扱いにされるのだと唱えた。（中略）精神医学は患者の人間性をそこなうものだと非難された。「魚に水を、鳥には空を、人には社会を」という美しいスローガンが叫ばれたのもその頃の話である。筆者（臺弘さん）はこれに対して、「人は暮らせるように、鳥は鳴けるように」という地味で現実的な目標を掲げた者の一人であった。
　　（臺弘『精神医学の思想　医療の方法を求めて』改訂第三版、創造出版、2006年、Ｐ ⅰ-ⅱ）


　臺弘さんの主張は、「美しいスローガンを唱えるだけでは人々の苦労は解消されない。治療の工夫や研究を進めて、患者が社会で人並みの生活ができるように支援することこそが精神医学の使命である」というものでした。彼は、「地味で現実的な」という謙虚な言い方をしていますが、実際にこの作業を行う人（現場）がいなければ、美しいスローガンは、やがて「たて前」に成り下がり、どこかで「たて前」の対概念としての「本音」が表（理想とかけ離れた現実）に噴出してきます。そのとき、天秤にかかっている「たて前」と「本音」の微妙なバランスは崩れ、ひっ

くり返ります。津久井やまゆり園の事件も、新幹線での事件も、そうやって起こったのではないでしょうか。

「人は暮らせるように」という、地味で現実的なメッセージは、僕の限られた現場経験に、しっかりと通底しています。そして、それは理想でもあります。

人が社会の中で育ち、社会の中に暮らしていくためには、様々な矛盾を解決していかなければいけません。その代表格は、自分を大事にすることと、他者を尊重するということの両立です。多くの人は、ここで躓きます。この両立は、そのくらい難しい作業なのです。そして、なぜそれが難しいのかという理由は、個々に違っています。従って、個人個人の事情を知り、対処することが大切になっていきます。

この作業は、現場の中で一隅を照らすようにして営々と積み重ねられるものです。そして、ステージに応じて質や量を変化させながら、自立達成に向けてつながれていきます。前述しましたが、その過程は、ちょうど『子育て四訓』（日本の格言）で言われているような段階を行きつ戻りつしながら進んでいきます。その段階とは、

　しっかり肌を離すな

　肌を離せ　手を離すな

　手を離せ　目を離すな

　目を離せ　心を離すな

という四つの段階です。精神発達と社会化は、この四つの段階を、個人と社会との関わり合い方に応じて、丁寧に踏んでいくことで進んでいきます。

ある青年が、心もとない様子で僕らの前に現れたとき、手取り足取り

の状態で訓練がスタートします。僕と彼との二者関係は、やがて共通の目標を共有しつつ、第三者も関わり合いながら、肌を離し、手を離し、目を離すところまで進んでいきます。『自立達成支援』と言っていいような、社会と彼との関係をサポートする段階というのは、初期的には遙か彼方にあるものです。そこにたどり着くまでには、焦り急ぐ彼との厳しい対峙もありますし、躊躇する背中をそっと押すようなときもあります。その様子は、臺弘さんが言うように、地味で現実的なものなのです。心許なかった彼が、社会の中で僕らとは別の仲間たちと関わり合うようになり、僕らとの通信が年賀状のやりとりだけになったとき、『自立支援』の前段階としての『自立達成支援』がようやくひと区切りつきます。

　『自立支援』という美しい言葉で言い表せるステージにたどり着くまでには、その美しい言葉のイメージとはかけ離れた格闘の堆積が、登場する人物たちが過ごす時間の数だけあります。同じように、『ソーシャル・インクルージョン』という今日的なコンセプトも、それを具体化させるためには、個人個人における泥臭い格闘の積み重ねを要求してくるに違いありません。

　支援者として彼や彼女と関わり合いながら、『自立支援』にたどり着かなかった人たちのことを頭に思い浮かべつつ、僕らは今日も現場にて、答えのない問いに挑み続けています。

# 第3章
# ソーシャル・インクルージョンとインクルーシブ教育

対談
髙原　浩×青山新吾

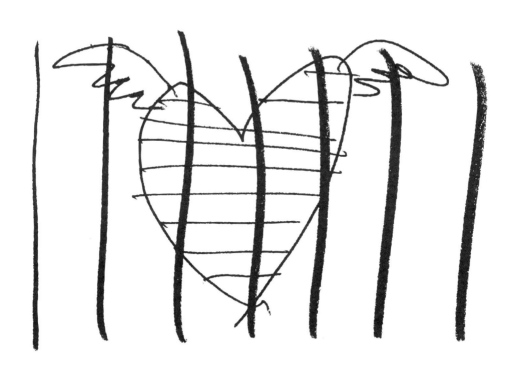

## 「インクルーシブ障害」という構造

**青山** このインクルーシブ発想の教育シリーズを企画した当初、第1弾でも書いた[*1]のですが、「みんな当事者」と言いますか、そういった発想にならない限りインクルーシブなんて進むわけがない、そのぐらい大きなことを提起しようとしているんだろうなと考え、「インクルーシブ発想」というラベリングをし、言葉を丁寧に使っていく方略に出たつもりなんですね。学校教育とか学校現場の世界というのは、「こういう教育をするのがインクルーシブ教育ですよ。こんないい実践がありますよ。ですから、この実践を広めていってそれをできるだけ模していけば、インクルーシブ教育ができますよ！」みたいな、そういった発信の仕方が多い業界だと思っています。でも、こういう教育をしたらインクルーシブ教育になるってわけないですし、僕らも当事者として、その場にどう関わるかだと思います。そこにいかない限り、進むわけがないでしょと思って本シリーズで発信してきましたので、今回の第3弾で髙原さんが書かれていることは、大元根本の部分で大変共感を覚えました。

**髙原** そうですよね、みんな当事者。福祉の世界でも、いつのまにかやってもらう側とやる側に分かれていってしまうんですね。今回の原稿でも書きました（105頁参照）が、対象者がクライアントになってしまっているんです。でも違うんですよね、メンバーなんですよ。あなたも私も

---

[*1] 青山新吾編集代表『インクルーシブ発想の教育シリーズ①インクルーシブ教育ってどんな教育？』（学事出版、2016年）で青山は、インクルーシブ教育が障害児学習の延長と捉えられがちな現状を批判し、「発想」ということばを用いることでその適用範囲を拡げていける可能性を示唆。これまでの特別支援教育の文脈では整理されていなかった「つなぐ」「つながる」ことを指向した取り組みを「みんな当事者」実践と整理することを提起した。

社会もみんなメンバーなんです。でも、専門性というものがついていけばいくほど、対象者がクライアントになってしまうんですよ。それで、妙な役割ができてしまい、その役割に双方ともにはまっていってしまうと言いますか……。それはまさに「インクルーシブ障害」とでも言うべき状態じゃないかなと思いますね。

**青山** これは、ある保護者からお聞きしたことなのですが、特別支援学校の高等部を卒業した重度の自閉症の青年で、その青年はB型事業所*2で頑張っていたのです。しかし「お母さん、無理させちゃダメですよ」という日本語で正当化され、やがて生活介護*3に移りました。朝はゆるやかに2時間ぐらい外を歩いたり、昼からは余暇活動という日本語のもと、ゆるやかに過ごしたりしている青年です。その保護者がね、「先生、人生80年って言いますよね。すると、うちの息子はあと60年間ぐらい、朝からこの生活をずっとしていくのかなぁって思ったら、今までの学校教育とか家庭教育とかは、一体何だったんでしょうね……」って、ぽそっとおっしゃったんです。もう、思いっきり本質を突いていると思うんですよね。

**髙原** 本当にそう思いますね。福祉側から言わせていただくと、何で18歳の春に「この子はずっと介護される側ですよ」って決定づけられてしまうんだろう、と思いますね。その子は一生、働く側にはなれないんですか、30歳になって働けるようになりました、でもいいじゃないですかと。それが本来の人それぞれの発達であり、成長であるわけで、個人差

---

*2　就労継続支援B型事業。企業等での就労が困難かつ雇用契約に基づく就労が困難な人に対して、就労の機会の提供や訓練、支援を行う就労系障害福祉サービス。平成29年10月1日現在で、11,041の事業所がある（厚生労働省「社会福祉施設等調査の概況」）。

*3　「障害者総合支援法」に基づく障害福祉サービスのうち、「介護給付」にあたるサービス。障害者支援施設等において、常時介護等の支援が必要な人に入浴、排せつ、食事等の介護、日常生活上の相談支援、創作的活動や生産活動の機会の提供等を行う。

があるのは当たり前の話で、その人のデビューの時期によって世の中が
その人をどう包摂していくかという話なんじゃないんですかと思うんで
すよね。おそらく今のような制度＊4がなかった時代というのは、介護す
る側－される側という意識自体、今よりも薄かったように思います。僕
が今の仕事を始めたのは約30年前ですが、その当時は、措置制度＊5の時
代です。もちろん措置制度がよかったという話ではないですが、例えば、
授産施設＊6の中では、石鹸を食べてパニックを起こしてしまっている自
閉症の子もいれば、就職していく知的障害の子も結構同じ場にいたりし
たわけです。そういった様々な子たちが一緒に施設の中で作業をして、
巣立っていくわけです。そんな姿を見ていると、重度の子が「僕も実習
とかするの！」とか言い出したりするわけですよ。そういう相互作用み
たいな中で、それが施設のカラーにもなり、「ここにいると、自分も何か
就職したくなる」とか「また自分も頑張って働こうという気分になる」
とかね。そういった雰囲気は施設の中にやる気のある職員がいると、つ
くれるような制度だったんです。でも今は、すべてが細切れなんですよ。
生活介護だったら生活介護。B型事業所はB型事業所。A型事業所＊7
はA型事業所といったように、最初から分かれているわけです。もちろ

---

＊4 「障害者自立支援法」を改正する形で平成25（2013）年4月「障害者総合支援法」
（正式名称は「障害者の日常生活及び社会生活を総合的に支援するための法律」）が施
行。平成30（2018）年改正法施行。身体障害者、知的障害者、精神障害者（発達障害
者を含む）や難病のある人に対して80項目に及ぶ調査を行い、その人に必要な支援の
度合い（「障害支援区分」）を認定し、その区分に応じたサービスが利用できるように
なっている。21種のサービスは「障害福祉サービス」と「地域生活支援事業」に大別
される。
＊5 戦後長らく行われていた障害者福祉制度。平成15（2003）年4月の「支援費制度」
の導入まで、行政が福祉サービスの内容や利用先を決めていた。
＊6 「生活保護法」に基づく保護施設の一つ。身体上、精神上の理由、または世帯の事
情で就業能力の限られている人に対して、就労や技能修得に必要な機会を与え、自立
を支援する施設。平成18（2006）年の「障害者自立支援法」の施行により、授産施設
の多くは就労移行支援事業所と就労継続支援（A型・B型）事業所などに移行。

ん、ケアマネジメントによって、上手く本人に合うように組み合わせて、場所を変えていく、契約を変えていく、ということは理屈の上ではできるようになっていますが、じゃあ、そのケアマネジメントって誰がやるんですか？　という話なんですよ。かつては、授産施設という大きな枠の中で、みんなで見ていたんです。「そろそろこの人、次の高度な作業の段階に移ってもいいんじゃない？」「実習に出したほうがいいんじゃないか」とか「職員と一緒に企業に働きに行ってみようか」とか、同じ人であっても時間の経過とともに変わってきたから、そろそろ違う環境を提供しようよといった発想が流れの中で自然と出てくるんですよね。でも今は、「うちは、生活介護ですから、それ以外はやりません。やりたいんだったら、別の事業所に移ってください。契約を変えてください。それを相談支援専門員（高齢者福祉で言うケアマネージャー（介護支援専門員））に言いに行って、サービス等利用計画案（高齢者福祉で言うケアプラン）に書いてもらって、福祉事務所に出すといった、一連の手続きを踏んでやってください」みたいな話になっちゃうわけです。もうそんなんじゃ職員のやる気もなくなってしまいますよね。国がインクルーシブを推奨しているわりには、国がつくった今の制度によって、「インクルーシブ障害」が起こっているという状況が確実にあると思うんです。僕が働いている事業所の場合は、就労移行支援、Ｂ型・Ａ型事業所、生活介護（2020年度から開始予定）、就労定着支援、計画相談、結局ほぼ全部やっていますから、もうそうなってくると、ここは昔の授産施設だよねっていう話になってきます。でも、今の制度をそうやって工夫をして使っていく根性が事業者側にないと、一旦介護される側に振り分けられてし

---

＊7　就労継続支援Ａ型事業。企業等での就労が困難であるが、雇用契約に基づく就労が可能な人に対して、就労の機会の提供や訓練、支援を行う就労系障害福祉サービス。平成29年10月１日現在で、3,776の事業所がある（厚生労働省「社会福祉施設等調査の概況」）。

まった人が周りを見ながら自然な流れとして、「自分も就職したいなぁ、社会参加したいなぁ」と思えるようになる環境なんてできないと思うんですよ。そのまま今の制度を何の工夫もせずに運用していたら、単価のいいところだけやろうよ、みたいな話になってきちゃうのでね。そういうことがインクルーシブが広まっていかない構造としてあるだろうなという気がしています。

**青山** これは主観ではありますが、特別支援学校の先生方はインクルーシブという言葉や概念に対して、感度が低いような気がしています。どちらかと言えば、幼保、小学校といった現場のほうが、まだこの言葉に対する感度が高いような印象を受けるんですね。特別支援学校の先生方は、「結局、この子たちにインクルーシブ教育とかって言っても、無理ですよね」ってなってしまう感じです。そのインクルーシブ教育が何を指しているのかも明確ではなく、漠然としたイメージで無理ですよねっておっしゃっているようなのです。今、髙原さんのお話をお聞きして思ったのは、特別支援学校の先生たちには、現在の社会福祉制度のイメージがあり、そのルートに乗せてこの子たちが卒業後にこう生きるのかという発想が強いのだとしたら、そりゃあ、今やっていること以上に、何かを切り崩すといった発想にはなりにくいだろうなと。何だかすごく構造が似ていますよね。そして、今の若いプロの人たちは、どこに自分の仕事の未来とか希望を見出せばいいのかという話とも絡んできますよね。

**髙原** おそらくそこで、理想と現実という話が出てきちゃうんですよね。当初は、大きな夢や希望を持ってこんなことやってやろう、あんなことやってみたいなって本当にわくわくするようなことを考えて、福祉現場なり学校現場に入ってくるわけです。ところが現実はこうだよ、という話が出てきちゃって、理想と現実を天秤にかけるようになって、「まあ、自分も生活していかないといけないし」というところでバランスを取り

ながら、やっているのが一般的な職員だったりするわけです。しかし、この天秤のバランスが取れない人がいるんですよね。それが生活のほうに偏り過ぎれば、自分が食べていければいいやって割り切って、いわゆるお役所的な仕事になっていきますし、逆に、自分はこうしたいんだ、本来こうあるべきなんだっていう理想が高くなればなるほどそうならない現実との葛藤が出てきます。すると、天秤は一気にひっくり返ってしまうんです。津久井やまゆり園の事件というのは、結局そういうことだったんだと僕は思っています。犯人はなぜ、あんなことをやってしまったのか。きっと彼は、理想と現実、100か0かの世界でどうにもならず、やってしまったのではないか。それは絶対にダメなことですが、そういうふうになってしまった流れというのは、一体誰がつくったんだろう……というのは思いますね。要は、彼の中には、事例がなかったんですよね。現実が理想に追いついていった事例が。「ああ、この人、こうやって関わっていけば、こんなに成長するんだ」というような実践が見えていれば、あんなことはやらなかっただろうと思います。でも、「この人たちは成長しない存在だから、もうこのまま生きていても可哀想だろう」という発想になっちゃったわけですよね。それをある程度、常識のある人たちは、「可哀想なんて言っちゃいけない、この人たちもここで生きているんだから」とか言い訳をして、やり過ごすわけですが、でもその言い訳の裏で結局、そこに押し込められている人たちがいるわけですよ。別の生き方もあるかもしれない、この人たち、外に出そうよというところに、発想が転換していかないんですよね。あの狭い塀の中で物事がすべて完結していく。全然インクルーシブじゃないですよね。

**青山** 真逆ですよね。

**髙原** そういう構造を崩していくと言いますか、極端な話、インクルーシブと言わなくてもいいように世の中がなっていればいいんですよね。

世の中が普通にそうなっていたら、いちいち概念化する必要もないわけ
で。意外とその辺の中小企業の社長さんのほうが、自分の会社でしっか
り人を育てていて、よっぽどインクルーシブだったりしますよ。

**青山** そうなんですよね。ときどき、いらっしゃるんですよね、そうい
う方。

**髙原** 最近、幼児療育のとある現場にお邪魔したのですが、そこの療育
は結構いい仕事をしていたんですね。それで、職員を育てていきたいと
いうことで、研修先をどこにしようかという話をしていたんです。そこ
で最初に出てくる発想というのは、やはり施設なんです。大人になった
彼らを想像するために、施設を見に行こうって。まあそれももちろんい
いと思いますが、「その前にもっと見ておくところがあるんじゃないで
すか。会社で働いている人たちもいっぱいいるんですよ。そのイメージ
を持って、2、3歳の子どもたちと関わったほうが絶対にいいはずです
よ」っていう話をしたんですね。すると、「ああ、そうか」と気がつく方
がいます。でも、気がつかない方もいて、いくら言っても、「でも結局は、
障害というのは変わらないから、自閉症は自閉症だから、やはり専門的
な支援をしている施設に見学に行くのが一番いいんじゃないの」みたい
なところに落ち着いちゃったりするんですよね。それでまた、そこに障
害者も親もはめられていってしまい、なかなか抜けられない。そういう
発想になりがちなんだということをすごく感じますね。昔よく、「健康
な障害者に育てよう」みたいな話がありましたが、それでいいと思うん
ですよね。でも、この人にはこういう特性があるから……みたいな話を
し出して、余計にややこしくなってきて、全然健康じゃなくなっていく
という方向性……不思議ですよね。

## 特別支援教育、福祉のプロとしての立ち位置

**青山**　僕の身近にいる学生たちの中には、特別支援教育や療育のド直球のプロを目指している人もいるんですね。それはすごく大事な生き方だと思っていますが、インクルーシブという概念を、教員養成課程の中で考える機会が増えている今、そういったプロを目指している人たちが、「結局、特別支援学校の教員や療育のプロとかを目指している自分たちの仕事は本来、世の中にないほうがいいのだけれど、今は仕方がないから存在していて、そこに自分の人生をかけるという選択をしているということでしょうか」という問いを投げてきたんですね。一考の余地があると言いますか、丁寧に扱う必要性のある問いのような気がしています。また、別の視点から考えると、インクルーシブ的な発想をほとんど持たずに特別支援教育のプロとして尖っていく。専門性をぐんぐん上げていくことが自分のアイデンティティの確立になります。でも、それは一つ間違えると自分たちの業界の中で、自己完結しかねない危うさとも言えるかもしれない、そんなことを最近考えているのですが、髙原さんは今の話について、どういう発想を持たれますか。

**髙原**　僕が若い頃に先輩から叩き込まれたのは、「施設はブラックホール」ということです。武田幸治さん（67頁参照）がおっしゃられた言葉だと思いますが、要は「施設というのは、何もかもやる気を吸い取っていく。そこに立ち向かいながらいい仕事をしていくためには、必要悪の認識を持て」ということを叩き込まれたんです。「自分たちがいなくなる、必要なくなる世の中が一番いいに決まっている。でもそれができないから、やはりどうしても必要なんだ」と。「ただ、いつも必要なわけじゃない。個人個人、この人にはこの時期これが必要だけれども、次の時

期にはもう必要じゃなくなる。時間の流れや本人の成長、状況の変化とともに、必要性が濃くなったり薄くなったりしていく。僕らはそういう存在でしょう」って。つまり、必要性の濃淡があるんです。ですから、そういう自分の立場の置き方、役割の規定をしないといけないのが、おそらく福祉の仕事の特殊さだと思うんですよね。学校の場合ですと、卒業がありますから、そこで一区切りということはあると思いますが、福祉の場合は、卒業がないので、基本的には死ぬまで「もしかしたら戻ってくるかもしれない」みたいな世界です。そこまで責任や覚悟を持つという世界なんですよ。

**青山**　そうですね。その違いがありますね。特別支援教育に関して言えば、高度な科学性やマニアックな知識を幼保、小・中・高等学校の先生全員が持つことで、本当にこの国の子どもたちの20年30年先の幸せにつながるのだろうか、とは思いますね。ここぞというときに教師が本気でその子に関わったことが、その子の将来の幸せにつながっていったというようなことは、本当にないのかなぁと思います。もちろん、その関わり方や意味が問われるわけですが。

## サイエンス、アート、テクノロジー

**髙原**　僕は若手の頃、先ほど少しお話しした武田幸治さんの講演をよく聞きに行ったり、直接お話をさせていただいたりしていたのですが、武田さんは、療育・教育・支援には三つの要素が必要だとおっしゃっていました。一つはサイエンス。二つはアート。三つはテクノロジーです。その中でも特に、アートの重要性についておっしゃっていて、それがなければ人間相手の仕事なんてできないと。もちろん、サイエンスを全く否定されていなかったですし、むしろ必要だとおっしゃっていましたが、

それだけでは不十分だと。僕も今の時代は、そのアートの部分をもう一度見直すべきなんじゃないかと思っています。

**青山** 武田さんの話が出ましたが、彼の本（前掲『生きる─支えつつ、支えられる』）は今はもう絶版なので、特別支援教育のプロを目指す学生に貸して、読ませているんです。あれを読んで、何も感じないようだったら、障害のある人と一緒に過ごす人生は向いていないんじゃないかなって思うんです。もちろん、そんなこちらの意図は言わずに読了後、「あなたが一番引っかかったページはどこですか？」ってシンプルに聞いたときに、何を言うかである程度はプロとしての資質が見えますよね。

**髙原** そうですね。あれを読んで「そうそう、こういうことをやりたいんだよな」という感じで、引っかかる人というのは、その後にサイエンスや専門性というものを身につけていっても全然心配にならないんですよね。やはり、ベースとして相手は人間だから、その人に歴史ありで色々起こりますから、それは決して、教科書に書いてあることで説明できるものではないんだよ、という感じですよね。僕の勤めている施設でも、TEACCH（101頁参照）や応用行動分析学（92頁参照）等から汲み取れるサイエンスの要素は活用していますし、非常に参考になるものだと思っています。ただ、それは一面であって、別の角度から見たら、また違うものが見えてきます。そうやって、色々な角度から見れば見るほど、見立ての精度は高くなっていくわけです。障害のある人も世の中で暮らしていくことがインクルーシブなわけですから、支援者というのは、いかに多面的にその人を見られるかということなんですよね。でも、この世界で尖っていく人、専門家だって自称するような人ほど傾向として、最初から結論が決まっていることがよくあります。「この子はこうです。だから、この方法がいいんです。これでやれるところに行ければいいんです」みたいなね。でも、「相手は人ですよね、どんどん変わっていくで

しょ」って。そこをプロはきちんと見えていないといけないんです。

**青山** 先日、北海道で教員向けのセミナー（第16回北の教育文化フェス
ティバル）があり、テーマは「十年後を見据えた教育〜変わるもの・変
わらないもの〜」でした。色々な提案がありましたが、その中で、
Society5.0（ソサエティ5.0）について、内閣府がつくったプロモーショ
ン映像の紹介があり、その後にパネルディスカッションを行ったんです
ね。それでその映像では、女子高生が朝起きると、冷蔵庫に「おはよう。
朝ごはんは何しようかな」って話しかける場面があり、冷蔵庫が「ほう
れん草とリンゴがあるのでスムージーはいかがですか？」って答えると、
女子高生が「いいねぇ」って。それで、AIスピーカーに「コロッケパン
とミックスサンドをいつものお店でお願い」って女子高生が話しかける
と、「注文しておきます」って答えるんです。「行ってきます！」と言っ
て家を出て、商店に立ち寄ると、おじさんが「おはよう。はいこれ！」
って、先ほどAIスピーカーが注文した商品を渡してくれるんです。当
然、キャッシュレスなので、女子高生はスマホでタッチして、「ありがと
う！」って言って、学校に向かうんですね。要するに、これが未来の日
本ですよという映像なんです。そして、その後のパネルディスカッショ
ンというのは、この未来の日本を想定したときに今、どういう教育が必
要かを議論するという構成だったのです。そのときの議論としては、
「今のままの教育では、子どもたちは未来を生き抜けないのではないか。
いまだに、黒板にチョークで板書していてどうするんだ！」みたいな話
が出ていたのですが、どうも同じトーンの話が続くので、僕はちょっと
違った角度から「商店のおじさんが女子高生に、『おはよう』って言って
いましたが、僕は結構その一言が引っ掛かりました。お店の人がマニュ
アル的に言う『おはようございます。いらっしゃいませ』じゃなかった
ですよね。誰もがそう思えるようなしゃべり方でしたよね」って言って

みたんです。つまり、その商店のおじさんは明らかにその女の子を知っ
ていて、そこには人としての認識があり、つながっているという世界観
が描かれていたわけです。あの映像をつくった人たちは、おそらくそこ
まで考えていないかもしれません。でもひょっとしたらって気もするの
が、その映像の最後は、女の子が好きな先輩と一緒にバスに乗って通学
する場面で終わるんですよ。決して、スマホの AI と会話をしながらじ
ゃなくて、先輩と会話をしながら、学校に行くんです。僕はその場面に、
内閣府が Society5.0 の社会でも本当に大切なことを描き込もうとして
いるんじゃないのって思いましたし、「障害の有無を抜きにして、そのよ
うな感覚は一体、どういう社会の中で培われていくのだろうか。そうい
ったことが大切にされる社会というのは一体どういう社会で、それを培
ってきた教育というのは一体どういう教育なのか。僕らはこれからの教
育において、どう考えていけばいいのだろうって思います」といったよ
うなことを言いました。この視点は、なかなか意外性に富んでいたらし
く、パネルディスカッションが終わると、結構色々な方に話しかけられ
ました。そのセミナーの僕のパートでも、「インクルーシブな教育を考
えていく上で今、何が必要か」というテーマで話しているのですが、テ
クノロジーだけをどんどん追求してもね……というのは思いますよね。

**髙原**　そうですよね……。教育って、何なんだろう。結局、その人に何
が残るんだろうって思うんですよね。でもきっとそれは、形にならない、
言葉にならないものが残るんだろうなって気がします。言葉になるもの
なんて知識なので、メモすればいいですし、今でしたら、タブレットや
IC レコーダー等を使って、記録しておけばいいんです。でも、そういっ
たものには残らないものが結局、成果なんだろうなって思いますね。も
っと具体的に言いますと、やはり人と人が場を共有して、ある判断をし
ながら、「こうだよね、ああだよね。いや、こうなんじゃないの？」「う

ん、いいね。今後の指針になったね」とか、場を分かち合い、考えを分かち合い、判断を分かち合い、それで自分はその後どうするかって決めていく。今度はこうしようって次につながるものになっていく。まさに、教育ってそういうことだろうなって思うんですよね。そういうことをやることで結果、自分も相手も成長していく。そこを一つの目的にしないと面白くもなんともないだろうなと思うんですよね。結局、人が成長していくときというのは、そういうプロセスを経た後だと思うんです。もちろん、そこにサイエンスやテクノロジーが入ってきて構わないのですが、共有するのは、あくまでも当人同士。そうやっていくうちに、判断力がついていきますし、自由も獲得されていきますし、その結果、自立（自律）的に世の中で生きていくこともできるようになるんです。社会に出て行く準備ってそうやって小さい頃から年代ごとに脈々と積み重ねられていくものなんだろうなと思います。最初は、親と子の間、おじいちゃん、おばあちゃんもいたり、兄弟ができたら兄弟も。保育園に行ったら保育園の先生がいて、友達がいて、児童発達支援センターに行ったらそこにも先生や友達がいて、場や時間を共有して、楽しんだりある判断を一緒にしたりして、段々と自我が出てきて、でもそこで、「それは違うと思うよ」といった意見も出てきて、そうなのかな、どうなのかな、それで喧嘩することもあるかもしれない。そこでまた、ある結論が出て、こうだったなというところで次にいって、また次の場があったら、もっと違う話が出てきて、その子なりにどんどんブラッシュアップされていく。判断力がつくとか生活力がつくというのは結局、そういうことの積み重ねだと思うんですよね。ただ、技術や知識を教えているわけじゃないんですよ。それは、単なるネタであって、最終的にできあがってくるものというのはやはり、「一緒にやったよね。一緒に判断したよね」っていうこと。それを発達段階で言うならば、同化と調節みたいなことが起

こって、個人が変化していく、大人に、社会人になっていくということ
だと思うんですよね。人と人の関わりをそういうふうに考えていかない
と、インクルーシブなんてならないだろうなって思います。

**青山**　人が変化し成長していくプロセスというのは、多義的な要因です
よね。「こうしたら、ああなりました」というようなシンプルな行動原理
だけで人間の一生が説明できるわけがありません。元北海道公立中学校
教諭の石川晋さんが近著[8]でもその辺りを指摘されています。福祉も
そうだと思いますが、教育の場合、これが作用したからこうよくなった、
成長したなんてことは基本的にはわからない職業なのですが、かつては
ご家庭等から「先生がうちの子にこうしてくれて、それでこの子は成長
したんです」みたいなフィードバックがあったりして、教師はそれを一
つの糧にして、また次もやってみようって進んでいけていた時代があっ
たんですね。でも今は、そういうものがものすごく希薄で、その教師の
実践に対してそれがどういう意味だったのか、何がよかったのかといっ
たフィードバックを得られないまま、自分の仕事と向き合い、進まなけ
ればならない、厳しくて孤独な状況なのではないか、と石川さんは提起
されていたんです。その提起は、僕も頷けます。今の学校現場の若い教
師たちを見ていると、本当に辛そうですから。ですから、彼、彼女らに
５倍ぐらい大袈裟でも「よくやっているよ」って言ってあげないといけ
ないんじゃないか、と思うときがあるんですよ。それは、甘やかしでは
なくて、そういうフィードバックが本当に今、ないんだろうなぁって思
うんです。先ほど髙原さんがおっしゃられたように、人と人との関係の
中で、プロセスを共有することがインクルーシブの基盤になると思うの

---

＊8　『学校とゆるやかに伴走するということ』フェミックス、2019年。前作『学校でし
　　　なやかに生きるということ』（フェミックス、2016年）の続編であり、著者である石川
　　　が北海道公立中学校教諭として過ごした最後の１年とフリーランスとして幼小中高、
　　　大学、特別支援学校等全国の現場と伴走し実践し思考し続けた２年間の記録。

ですが、今の社会の希薄さ、ものすごく条件の悪いところで教師たちは進んでいっている状態というのはあると思います。

**髙原** 先生方も本当に大変なんだろうなぁって思いますね。今回の原稿でも書いた（第1章「1．ヨコちゃんがきた！」12〜16頁）のが、僕の中での先生のイメージなんです。ああいう大らかな印象なんですよね。ここぞってときにだけ、かみなりを落として来るみたいな。それで、先生は何を教えてくれたのかなぁって考えると、やはり、何とも形にならないものを教えてくれたよなって思うんですよね。でも、きっとそういったものの評価はしにくいんでしょうね。ただ、そういうものが評価されるような世界に、学校なり社会がなっていかないと、インクルーシブ教育につながっていくような本当にいい教育なんてできないんじゃないかという気がしますね。サイエンスとかテクノロジーという部分では、武田さんがおっしゃっていた時代よりも確実に上がってきていると思うんですよね。でも、それをどういうふうに使いこなしていくか、サイエンスやテクノロジーが進化していくほど、教育が本来求めているものが見えにくくなってしまうのかもしれませんね。何のためのサイエンス、テクノロジーなのかがわからなくなってくるんでしょう。職員たちにはよく言っているのですが、「何でも使えなくちゃダメだよ」って。「巷には色々な情報があるけれど、その状況、状況で最適なチョイスをしてね」って。でもそれがなかなかできないんですよね。昔の行動療法使いというのは、その療法の限界というのを知っていて、道具として使っていて、そこに主体性があったんですよね。テクノロジーやサイエンスに使われていない状態、使っている状態です。

**青山** 今年（2019年）の6月に、「あかりの家」*9の園長の三原憲二さん

---

*9　兵庫県高砂市で自閉症の人たちを中心とした精神薄弱者更生施設として1986年に開設。強度行動障害を伴う人たちの短期入所を積極的に受け入れてきた歴史を持つ。

がコーディネーター役で、NHK ハートフォーラムが兵庫県尼崎市で行われたんですね。テーマは「自閉スペクトラムと強度行動障害」です。それで、「あかりの家」からの報告というのは今、髙原さんがおっしゃられた可能な限り使えるものをいわゆる職人的勘も含めて、人と人との関係の中で最適なチョイスをして行っている実践なんです。そこで僕は、講師として講評を求められたのですが、「あかりの家がやっていることは、そのときのケースに、そのときのプロがベターだと判断したチョイスの融合体だと思いますが、一般には何をやっているのか、よくわからないから例えば『総合的アプローチ』とか言ってラベリングして整理していく必要があるんじゃないですか」って話しました。また、そのフォーラムではいくつかの施設から報告があったのですが、ひょっとすると、TEACCH プログラムや応用行動分析学を中心に取り組んでいる実践のほうが、「やっている感」はあるのかもしれないなとも思いました。「これをしたことによって安定したんです」って、明らかにそのやり方が効力を発揮していることが説明しやすいですからね。でもそれって、今の社会の中で、わかりやすいものに気持ちをすごく寄せていきたい心境とか、不安の中で生きる若者の気持ちを反映しているのではないかと思ったんです。「あかりの家」のような、一見わかりにくい「総合的アプローチ」で、若者たちが仕事をして未来に夢を描けるためには何が必要か、といったことを真面目に考えていかないと、そう簡単には若者たちはこの仕事を続けていけないのかもしれないと思いました。

**髙原** 若い職員には、「この仕事の前提として、今関わっている対象者の10年後がどうなっているかが問題なんだよ」ということをよく言います。例えば、ある科学的手法を用いて、「今日は、お昼ご飯のお盆の位置をきちんと合わせられました。それで、ぶちまけずにきちんとご飯が食べられました」と。まあ、それはそうでしょうけれど、「それで、その人は10

年後どうなっているんですか？　10年後はお盆の位置をずらしても大丈夫になっているんですか？　外食ができるようになっているんですか？そこまで考えてやっているんですか？」という話なんですよね。本来、教育とか支援というのは、今がよければそれでいいという話ではないですよね。人間を育てるという大層な役割なわけですから。10年後、この人はどうなっているんだろう、死ぬときにこの人は幸せなのかな？　とかまで考えてやるのが教育者のはずですよね。でも今は、すごく短絡的でスパンも短い。結局、その場が落ち着けばいいみたいなことになっちゃっていて、卒業するまでこれで保たせましたので、あとはお願いね、みたいな。完全にその場しのぎ。そういったときに、「これで本当にいいんですか？　それって、違うんじゃないですか？」って現場の人間が堂々と言い合えるようじゃないと、本当の支援とか子ども中心の教育なんてできないんじゃないかなと思いますね。障害のある人が幸せに生きるというのは、どういうことなんだろうと考えたときに、本当に決まったパターンだけで動いて、パニックを起こさずにいるというのは幸せなことなのだろうか、ある範囲内の人間関係しかできない、それで本当に幸せなのだろうか、といった根本的な問いが現場からなくなっていく……。そこの恐ろしさを感じます。そういう事例報告は今、あちこちでされているじゃないですか。僕はそれを聞く度にこの人たちは、何を考えてやっているんだろう？　発達保障ってそういうことだったのかな？人格的に発達していくことを保障するんじゃなかったの？　糸賀一雄さん（103頁参照）が言われた「この子らを世の光に」という言葉が、全然つながらないんですよ。

**青山**　そのフォーラムには、教え子も数人来ていたのですが、終了後いくつかのわかりやすい報告に対して「福祉の世界では、自閉症の人は人を必要としないという考え方に立つということなのでしょうか。人とい

うふうには発想しない人たちがいるということなんでしょうか」と感想
を述べていました。教育関係の教え子たちですから、そのように考えや
すいのもわかりますし、「福祉の世界」というのは大雑把に括りすぎだと
思いますが、若者がそういうところに気がつける感覚というのはすごく
大切だと思ったんですね。インクルーシブといったときに、「強度行動
障害の人は例外です」というのは、おかしいですからね。理想論と笑わ
れるかもしれませんが、やっぱりその子たちにとってのソーシャル・イ
ンクルージョンって何だろう？　インクルーシブ教育は、どうあるべき
なのか、ということを考えていかないといけないと思います。

**髙原**　強度行動障害だろうが何だろうがね、やっぱり人だなって、いつ
も思うんですよ。僕も強度行動障害の人を支援していたことがあります。
40歳近い方の例ですが、ある特定の利用者の方が出勤してくると、飛び
出して来てぶん殴るんです。それが毎日パターン化されているわけです。
もう反射的に動いちゃっているんですね。本人は殴りたくて殴っている
わけではない。相手に何か恨みがあるわけでもない。つまり、行動自体
の主体性がなくなってしまっているんです。そうなると、単純に「いつ
も反射的に殴ってくる人」みたいな感じで捉えられてしまう。でも実際
は、いつもそうではないわけですから、まずはもっと普通のやり取りを
してみることですよね。例えば、何か物を持ってきてくれたら「ありが
とう」と言って、次の物を渡すとか、そういうことをいっぱい増やして
いこうよと。そういう普通のやり取りを増やしていく中で、どう変わっ
ていくかを見ていくということです。そうやっていくと、違うものが見
えてくるかもしれないんです。そして実際に、言葉が増えてきたり、こ
れをしたいということが出てきたり、最初は外なんか全然行きたがらな
かったのに、外に出てキャッチボールをすることに乗ってくるようにな
ったり、そういう人としての変化が出てくるんですよ。たとえ、反射的

に殴りかかる、噛みつくという面があったとしても、そうじゃない面も
ちゃんと育つんだよと。むしろそっちのほうを見ようよと。そっちのほ
うが本当の本人の姿だと考えたとき、もう一つの殴りかかるというほう
も何とかしようという試行錯誤に真剣に取り組めるようになるんだよと。
そういう付き合い方がすごく必要だと思うんですよね。強度行動障害だ
から、重度の自閉症だから、わからないだろう、できないだろう……じ
ゃないんですよね。そういう心持ちで付き合っているのと、そうじゃな
いところでいるのとでは、本人の行動って違ってこないかなって思うん
ですよね。人的環境と言いますか、周りの人がどう思って彼らと付き合
っているのか、そういう当たり前のことが軽視されているように思いま
す。武田さんが言われた、アートの部分。そういう文学的な切り口とい
うものが本当に大事なんじゃないかなと思いますね。人間を見る視点と
いうのがなくなってしまうというのは、本当に恐ろしいことですよ。イ
ンクルーシブ発想というのは本来、そういうものばかりのはずです。一
緒にこの世の中を共有していこうよ、という話ですから。そういったと
きに、何が必要なのかといったら、まずは気持ちでしょう？　そして隣
人として向かい入れると決めた後、次に何が必要かといったら、色々な
知識や技術になってくるんです。強度行動障害の人とのエピソードとい
うのは、たくさんありますが、きちんと関わっていくと、本当に人間く
さいなぁという仕草を見せるようになりますし、そうなってくると、関
わっている職員のほうもすごく楽しくなっていきますよ。

## 追究すべきものは、人づきあい

**青山**　今回の第3弾は愚直すぎるかもしれませんが、やはり、人って
何？　生きるって何？　みたいなものを考えていくことでしかインクル

追究すべきものは、人づきあい　147

ーシブ教育なんて進められないという話になっていきますかね。

**髙原**　追求すべきものは、「人づきあいって、どういうことなんだろう」ってことですよね。人づきあいをさけてしまうと、過ごす時間が無機質なものになってしまいます。そうなってしまったら、そこで終わりだなって思います。それが仕事だとしたら、こんなにつまらない仕事はないですよ。

**青山**　今、髙原さんが言われた「人づきあい」という言葉。僕も意図的に使いますけれど、多分、この言葉を意図的に使っていることに共通に影響を及ぼした人がいるように思います。

**髙原**　『僕と自閉症』（片倉信夫、学苑社、1989年）からは、すごく影響を受けましたね。フィットしたと言いますか、やはりそうだよねって一番納得したんです。僕はもともと畑が違っていて、大学は政治経済学部でしたから、福祉や障害のことなんてまったく知らないわけです。原稿にも書きましたが、たまたまその本を読んで、その後、福祉の世界にどんどん入っていきました。ただ、その本を1冊読んでわかったのは、人づきあいを意思的にやろうとしないとつながっていかない、つながりにくい、そういう障害なのかなとは思いました。ですから、そこは覚悟しておいたほうがいいんだろうなって思いましたね。ただ、できないとは書いていなかった。できるって書いてありましたし、それは面白いものなんだよ、とっても人間くさくて、親近感が湧いてくる、そういう付き合いなんだよと。そこがこの仕事の醍醐味で、そういう魅力に作者自身が取り憑かれているんだということがすごく伝わってくる内容だったんです。それで、僕は「ああ、そんなに魅力的な仕事なんだ」と思ったわけです。そして、今思うのは、それは嘘じゃなかったということですね。大変なこともすごくたくさんありますが、「ああ、よかった」と思う瞬間があるんですよね。

**青山** 大学等で教えていると、その辺りの感覚と言いますか、今日の言葉で言いますとアートだと思いますが、それは一言でいうと、「センスということですか？」という質問を受けることがよくあります。そこで、「そうだね」って言い切ってしまうと、教員養成の仕事というのは、その段階で崩壊すると思いますし、そう思ってしまい、もう何をやっても無理、何もできることなんてない！　となってしまうのはやはり違うと思うんですね。ただ、僕も当時、色々と読んでいた本の中でも『僕と自閉症』になぜ惹かれたのかと言いますと、自分にフィットしたからなんです。僕も障害児教育を専門にやっていたわけではなくて、大学では社会科教育が専門でした。卒業論文では、とある社会科教育実践により子どもの社会認識がどのように拓けたか、みたいなことを書いたのですが、当時の指導教官に後に「結局、大学のときから君は人間に興味があったね。社会科をやっていたのではなくて、人間とはどういうふうに物を見て、どう変化して、どういうふうに成長していくのかということを見ていたのであって、それがたまたま社会科だったと考えれば、その後の生き方について何にも驚かない」と言われたんですね。確かにそうかもしれないと思うんですよね。自分は、社会科教育を専門にやっていたと思っていましたが、そうか、人か！　と。あの本は、まさにリアルな言葉で人間を描いていましたからね。

**髙原** 本質を言語化してきちんと残そうとされたところが、やはりすごいですよね。他には当時、見当たらなかったですね。あったとしたら、さらに前の世代の田村一二さん[10]。その辺まで遡らないと出てこない

---

＊10　田村一二：明治42年京都府舞鶴生まれ。日本の障害児教育の先駆者。昭和8年京都師範（現・京都教育大学）図画専攻科卒業後、19年まで京都市滋野小学校特別学級担任。当時の実践は『手をつなぐ子ら』『忘れられた子ら』（北大路書房、1966年）に描かれている。その後、大津石山学園設立、寮長、滋賀県立近江学園設立、寮長となる。50年、茗荷村塾創立。平成7年11月8日没。享年86歳。

ですよね。あとは片倉さんと同じ世代では、こころみ学園の川田昇さん[11]の『ぶどう畑の笑顔』（大揚社、1982年）。「こころみ学園にセラピーはない！　あるのは労働だけだ！」って言い切っていましたけれどね。すごいなぁと思って会いに行ったりしましたね。こういう日本の福祉のいい部分を途絶えさせてはいけないと今、すごく思いますね。何とかして、バトンタッチしていかなければいけない。これを途絶えさせたら、日本の福祉のオリジナリティはもうないような気がしますね。

## 個を伸ばすこととインクルーシブ

**青山**　髙原さんの原稿中でも提起されていたと思いますが、「その子の自由を奪うな」という以前に、本人が自由を獲得できるようになることを応援しない限り、結局その子は周りから孤立してしまい、ずっと孤独に生きていくことにつながってしまうように思うんですね。自由を獲得することと孤立感は、密接に関係のある話だと思いますし、インクルーシブを考えていくときに、大切なポイントのような気がするんです。そうでないと表層の一緒、例えば教室に一緒にはいるんだけれど、本当はあなたは孤立しているんだよねっていうことになってしまいそうです。そこの部分、この対談でもう一度切り取って話をしておきたいかなと思ったのですが、如何でしょうか。

**髙原**　先ほどの強度行動障害の人の話で言いますと、こだわりが強くなるとか、自傷、他害が増えるとか、独り言が増える、問題行動が増えて

---

＊11　川田昇：大正9年、栃木県佐野市生まれ。小学校教員、中学校特殊学級担任、千葉県立袖ケ浦福祉センター施設長などを務める。昭和44年に栃木県足利市に知的障害者更生施設「こころみ学園」を設立。知的障害を持った人たちとぶどう畑でワインをつくることを実現させるため、55年に「ココ・ファーム・ワイナリー」を設立。平成22年12月17日没。享年89歳。

いく背景には、孤立の問題があるんですよね。問題行動というのは、放っておくと本人にとっても周りにとってもどんどん大変な問題になっていく、悪循環になっていくんですね。そして、孤立はどんどん深まっていくという構造があり、その悪循環を断ち切る仕事というのは、大変なものになっていきます。ですから、そのずっと前の幼児期の療育等でいかに孤立しないような育て方をしていくのかが、最終的にはテーマになっていくと思うんですよね。その子が孤立しないためには何が必要になってくるのか、その子の場合、どういうところを伸ばしていかないと将来の孤立につながってしまうのか、といったアセスメントを一人ひとり取って、アプローチしていかないといけないですよね。ギフテッド教育＊12という考えもありますが、もちろんそれ自体、ダメだとか言うつもりもないですが、孤立しない教育というのは、つねに考えておかないといけないと思うんですね。放っておいたら孤立していく子というのは、発達障害の子に多いと思います。ただ、何が元でそうなってしまっているのかは、一人ひとり本当に違いますので、やはり個を見ていくということです。そういう意味では、見立ての能力というのは、すごく大事になってきます。色々な切り口があり、もちろん認知能力ということもありますし、集団との関わり方の段階や体の使い方、そういうものを総合的に分析してアプローチを決めていかないと、なかなか孤立しない子にはならないと思うんですね。どこか上手く発達できなくて苦しんでいる、それが最終的に社会との関わりの中で負の要素として孤立につながってしまう。例えば、椅子にきちんと座れない子、座っていられない子というのは、食事もうまく取れないんですね。お昼ご飯の時間になるとグニ

---

＊12　（Gifted Education）高い知能（IQ130以上が目安）や突出した才能に恵まれた子どものための教育プログラム。アメリカなどでは、個々の持つ才能を伸ばすため、ギフテッドだけの取り出し学校・学級、特別な課題の設定、飛び級、飛び入学など、様々なプログラムがある。

ャグニャしちゃって、寝返りの反射みたいなのが出てきちゃってね。箸も持てなくて、ボロボロと食べこぼしてしまう。それで、周りからは「言うことをきちんと聞かない困った子」と思われてしまい、孤立してしまう。でも、きちんと見ていくと、まず背中の骨がピンと入っていない。するとまずは、そこを育てていくような遊びを入れてみようか、といったアプローチが出てくるはずですし、それが療育だと思うんですよね。でも、その分析をする眼力、経験値が弱いと、孤立させないように成長させていくプログラムをつくるというのは、難しいと思います。ですから、見立ての力、見抜く力をいかに支援者が上げていくかということは本当に大事なんです。

**青山** ハイファンクション（高機能）の人と言いますか、知的障害のない、発達特性の際立った人たちの中にも、孤立というのがテーマとなっている人たちが社会の中にいっぱいいるような気がしています。

**髙原** いっぱいいるでしょうね。

**青山** また、引きこもりと言われる人の中にも、そこがキーになっている人がいるように思いますし、今回の原稿の中にもありましたが、人の言うことを聞いているようで聞いていない人とか、最初から結論を決めていて、聞いているふりをしながら理由をつけて関わりを切る人とか、いますよね。そういった人たちにとっても、学校教育、家庭での育て方というのは当然影響していますよね。ただ、特別支援教育の中でも、孤立をさせないことに対して、何か具体的に示せるカリキュラムなんてないわけです。そもそもそういう視点もないかもしれません。でも、その子の将来を見通したときに、すごく重要な問題なのかなと思いますし、そこを「みんな一緒だよ、同じところで育ってきましたね」みたいな綺麗なインクルーシブ教育の物語に回収されては困ると思いますね。

**髙原** そうですよね。特別支援教育にせよ、普通教育にせよ、強度行動

障害の人にせよ、将来、ソーシャル・インクルージョンという慣用句で言い表せるような状態になっているのかどうかについて、どこで誰がどうやって検証しているのか、よくわからないなと思いますね。エビデンス云々とうるさく言われる割には、その辺りができていないのではないでしょうか。ソーシャル・インクルージョンというのは、「ある人を社会から隔離排除するのではなく、社会の中で共に助け合って生きていこうという考え方」です。この説明文の主語は、「共に」にかかる言葉で、おそらく社会の中にいる全員を指しています。つまり、発達に遅れのある人たちも、精神疾患のある人たちも、何らかの形で助ける側になることが前提になっています。個々人が、将来それを体現するようになるための教育や支援をすることの難しさから目を背けずに、しっかりと向き合った実践が育ち、評価される環境づくりが必要だと思いますね。僕らの先輩方は、ソーシャル・インクルージョンという言葉がなかった時代に、そこと向き合い、格闘していました。格闘の中身は、個を伸ばすことであり、個を伸ばすためであれば、一対一の対応であれ、集団の中での育ち合いであれ、何でもこだわりなく使っていました。そして、検証に耐えうるような結果も出していたと思うわけです。そういったことを、日本人としてきちんと引き継いでいかないといけないと思うんですよね。

## スーパーバイザーとスーパーバイジー

**青山** 始めのほうの話に戻るようですが、「自分たちは本来、なくなればいいことをしていくのか」という発言も一理あるように思いますが、やはりその道のプロパーとして、きちんと力のある人というのは、絶対に必要だと思っています。しかし、すべての幼保、小・中・高等学校の先生にそこまでの細かい知見が必要かと言われると、もっと学校の先生と

して、本来やるべき仕事を丁寧にやりませんか、という話だと思うんです。ただ、全員がそのレベルだと発展しないと言いますか、例えば、孤立に将来を左右されないための教育プログラムやカリキュラムというのは、どういうものなのだろうといった提起ができるような人材も必要だと思うんです。つまり、僕の中では、教育に関わる人たちの輩出イメージを分けているんですね。ただ、福祉業界となると、そうも言っていられないものなのでしょうか。福祉業界でも専門性の違いであったり、質的な違いがあったりしても、いけるという感じはありますでしょうか。

**髙原** 全員がプロパーになるというのは、逆に言うと不可能というのが今の段階での僕の結論ですね。一番重要だと思っていることは、スーパーバイザーを入れることです。それによって先生方や職員は、それなりの情報を得て、「ああ、この子には今、これが必要なんだな」といった気づきがその都度、その都度、得られますよね。それを繰り返していくと、先生方も仮説を持てるようになっていきます。「今度、髙原さんが来るときに、これでいいのかどうか聞いてみよう」とかね。すると、若い職員たちも段階を経て、向上していきますよ。現場の職員というのは、それでいいと思うんですよね。そうやって、職員のレベルをあげていく。そうしないと結局、割を食うのは子どもたちですから、そこは組織的にある程度のレベルまで上がるようにスーパーバイザーを入れていくというのはすごく必要なことだと思います。それは、学校だって同じですよね。ただ、そのスーパーバイザーになる人というのは、ものすごく難しいですよ。きちんと現場を知っていないと、スーパービジョンできないですから。スーパーバイザーの資質というのは、相当高いものが求められるわけです。でも、そういう人がポツポツといれば、例えば、学校でしたら、各校に一人いるだけでも結構できることはあるんじゃないかなと思います。僕なんかもう異常ですよ。保育園、児童発達支援事業所、

放課後等デイサービス、生活介護、B型事業所、A型事業所、就労移行支援、企業という異常に幅広い範囲にスーパーバイザーで入っていますから。また、スーパーバイザーになる人というのは、先輩からスーパービジョンをきちんと受けてきていないとダメですよね。僕だって、昔は色々と武者修行をしましたからね。

**青山** スーパーバイザーの養成というのは、ものすごく難しいですよね。心理のプロとか一つの領域のプロを育てることは、大学院レベルではある程度、プログラムが確立されていますが、今、髙原さんがおっしゃった通り、現場を知っているスーパーバイザーの養成、つまり現場の状況に合わせられる人を育てるというのは、なかなか困難だと思いますね。しかも、個の発達もそうですが、インクルーシブ発想で考えると、そもそも人が生きていくとは？　といったような視点を持ちながら、また学校現場でしたら、周囲との関係という視点も加味した上でスーパーバイズできる人。そういうマルチな部分を求められるということがさらにハードルを上げているように思います。そこをどう養成するのかというのは、誰かが意図的に提起してチャレンジしていかないと、一領域のプロは輩出されていきますが、マルチプレイヤーとしてスーパーバイズできる人なんて育たないと思いますし、今現在、実際にそんな人は全国にどのくらいいるんだろうって思いますね。個への助言としてはいいかもしれませんが、学校現場に即した助言にはなっていない、バイズに偏りがありすぎて甚だ不十分なんて話はいまだに聞きますからね。例えば、髙原さんは、生きるとか、人という視点をきちんと持ち得た若いプロを育てるといったとき、何か意識されていることとか、髙原さんの施設の職員養成プログラムの中では、どう落とし込まれていたりするのでしょうか。

**髙原** これも若い頃に叩き込まれていることですが、「教科書は彼らだ」ということですね。目の前に人がいるのだから、そこから学べと。この

施設では、就職していく人たちがたくさんいますが、彼らのその後の変化をよく見なさいと言うんですね。就職した後、顔つきが変わるでしょうと。発言も態度も変わります。要は、大人になる、たくましくなるということです。施設に来た当初は、パニックになっていたのに、さらっと流せる度量ができるんですね。そういうふうに人間的に深くなっていく彼らを見るということ、まずは、それを感じることが大事だと思います。それは、要は可能性ということなんですよ。「ここにいたときのＡさんを知っているでしょ。それで、就職してこんなに変わったＡさんも知っているでしょ。この差は何なの？　この差を予測できましたか？」と。でも、若い職員は予測できないんですよ。そんな伸び代があるなんて思えないんです。ですから、簡単に諦めようとするんです。でも、そういう実践経験を踏んで、彼らから教わり続けていくと、自然と視野は広がっていきますし、低く見積もらないということができるようになってくるんです。人って変わることができるんだということを知るんです。そしてそれは、目の前にいる人から学ぶしかないんですよね。それを学べるような現場をいかにつくっていくかということが大事だと思います。そして、そこで起きていることをきちんと解説できるようにすること。ぼーっとしていると流れていってしまいますので、きちんとそれを1回言葉にして落とし込むということが大事ですよね。生で自分が経験している事例をいかに語るか、だと思いますね。

**青山**　やはり、言語化することの大切さというのはすごくあると思います。先の石川晋さんの本の中でも指摘されているのですが、今は個人情報保護というのがものすごく強く言われるようになっています。その影響として例えば、子どもの事実を具体的に記述し、公開し、共有するという文化が学校現場の世界からどんどん消えていっているのですね。昔はもっと素朴に実践が本や学級通信などに書かれていて、それが共有さ

れていた文化が明らかにあって、そういった中で教師は育っていったん
です。僕も書き手でしたし、読み手でもありました。でも、その文化は
どんどん消えてしまい、代わりに今は、リアルな人間、子どもの姿を削
ぎ落として、教育のエッセンスだけを抽出して記述する、要するにマニ
ュアル的な記述が増えました。この方法でしたら、個人情報に触れない
ので、書きやすいんです。それで、一気にそういう記述が広まったんだ
と思います。そんな時代に、「人とは」とか「生きていくとは」とか「人
は変化する」とか「人と人はつながっていく」といった、まさにインク
ルーシブの背景にあるであろう重要なキーとなる考え方をどうやって培
っていけばいいのか。僕らの世代が教え導かれてきたようなことを、こ
れからを生きる若いプロたちと、どうやって共有していけるのかという
課題を背負って生きているように思っています。

**髙原** そうですね。本当にですから、前回の本＊13の原稿も今回の原稿
も相当やばいですよね（笑）。今、あまり、ああいう書き方をしないです
から。

**青山** そう！

**髙原** あの書き方って、僕なりの反抗なんですよね。今、青山さんがお
っしゃったようなことへのね。もちろん、本人が特定できないように加
工はしていますという前提ですが、やり方としては、事実をもっと真実
化するような加工をしているわけです。精神科医の臺弘さんも同じよう
なことを言っていました。「理屈ばかりを書いてもつまらないから、事
例を入れます。でも、自分は医者だからそのままは書けないので、事実
よりも事実っぽく事例を加工して書きます。事実よりも真実が伝わるの
であれば、それも赦されるでしょう」＊14と。そういった前置きをしてか

---

＊13　髙原浩『特別支援教育 ONE テーマブック　現場発！知的・発達障害者の就労自
　　立支援』学事出版、2017年。

ら、いっぱい事例を挙げて下さっているのですが、その感覚ですよね。文字にする場合は、そうやって立ち向かっていくしかないと思いますね。それから後は、やはりスーパービジョンですよね。スーパービジョンというのは、基本的には口伝ですから、その場ではいくらでも言えますよね。直接、現場の若い職員と僕と対象者を真ん中にしてやり取りをする。そこでは、加工も何もなく、ダイレクトに伝え合いますからね。でも今、青山さんのお話をお聞きして、初めて知ったのですが、今の学校現場というのは、そこまで記録さえも残せないことになっているのだとしたら、本当に恐ろしいと思いますね。

**青山** オープンにしないことが前提でしたら、残していけるとは思いますが、例えば、個別の指導計画や個別の教育支援計画は、基本的に開示を前提にする以上、そこにリアルな記述をするというのは、自ずと限界があると思います。ただ、子どもの見方を鍛えるために文章を書くとか、誰かと対話するといったことは、学校現場でも日常的に機能していたと思うのですが、今はその場も少なくなってしまったと思います。すると、子どもの見方自体の精度も落ちてしかるべしですし、マニュアル隆盛の中で負のスパイラルに陥っているのではないかと危惧しています。

**髙原** そのような状況ですと、何か深まっていかないですよね。その場その場で凌ぐような感じですよね。それで、一番割を食うのは子どもでしょうし、本当の意味での教師の力量も上がっていかないでしょう。個別の指導計画には書けないのであれば、その書けない部分を語る場というのは、絶対に必要だと思いますね。それが学校の中にもっと確保されないといけないんじゃないでしょうか。そういう意味では、まだ福祉のほうがその場は確保しやすいのかなと思います。この施設ではバンバン

---

＊14　前掲、臺弘『精神医学の思想　医療の方法を求めて』改訂第三版。

そういったことをやっていますし、やらないと話にならないですからね。

**青山** 最近よく、若い教師たちから「どうやって、エピソードとかを書いたり話せたりできるようになったんですか」という質問を受けます。僕も20代の頃は、オープンにしていない子どもの記録やたくさんの文章を書いていましたが、そういうことが今もいるんじゃないかなと思うんですよね。書き起こすという作業を自分で徹底的にやる時期というのは、必要なんじゃないかなと。そして、ポイント、ポイントでは信頼のできる先輩たちに、それも自分では考えもつかないことを言いそうな人に読んでもらって、コメントをもらっていました。つまり、それがスーパーバイズですよね。でも、そういったものを雑誌に寄稿したり、どこかにオープンにしたりということは、まったくしていないわけです。自分が実践したことを言語化して、誰かにコメントしてもらうという、素朴な原理ですよね。

**髙原** 働き方改革ということがでてきて、余計にやりにくくなってきていますが、まあ、いわゆる勤務外のところでの話ですよね。「こんな事例があるんだけど」って、全然違う施設の人に文章を読んでもらって、色々と言ってもらったりということは、若い頃はさんざっぱらやっていましたよね。それも上司から命令されてやっていたわけではなくて、自助努力で、自分の時間を使ってやっていたわけです。そういうことが僕たちの若い頃は普通でしたよね。それ、やらないほうがおかしいんじゃないの？　という雰囲気もありましたし。最初に勤めた施設では、とにかくそういう場をつくろうということで、図書委員会という名称とはまったく関係のない委員会をつくって、職員で集まったりしてね（笑）。「これ全然、図書の話してないよね」みたいなね（笑）。でも、そういうことをやらないと伸びないというのは、事実としてありますから、それはやるべきだと思いますよ。ただただ、聞いていても伸びないので、や

はり書き落として、何か言ってもらって、それでまた書いてみての繰り返しで、できるようになっていくんですよね。書くということは、相手に伝えようとすることですから、意味を明確に掘り起こしていかないといけないので、深まるんですよ。起こっていることの意味が色々な角度から見えてくるんです。その作業がないと、結局見ただけで通り過ぎてしまうから、意味がない情報になってしまうんですよ。それから、スーパービジョンを受ける側、スーパーバイジーの心構えとしても「こういうことがあったのですが、どうしたらいいですか？」ではなくて、「こういうことがあって、A案とB案があると思います。僕はこういう根拠でA案がいいと思うのですが、髙原さんはどっちのほうがいいと思いますか？」ぐらいのところまでは自分で考えておく、仮説を持っておく、それを言語化してから、僕のところに訊きに来なさいということですよね。僕が駆け出しの頃は、その位の準備をして助言をもらうのは当たり前のことでした。ただ「どうしたらいいですかぁ？」なんて訊き方をしたら、無視されたもんですよ。そういう訊く側の心構えをきちんとつくらせておかないと、聞いて満足しちゃうみたいになってしまいますからね。つまり、きちんと視点があっての問いが必要だと思いますし、誰かに批判してもらおうという意識も必要ですよね。

**青山** そうなんですよね。せっかく言う人がいたとしても、訊く側の問題という面も結構大きいですからね。

**髙原** 今ね、30年前、先輩に送った持論が真っ赤に添削されて戻ってきたときのことを鮮やかに思い出しましたよ。先輩方が大事なことを僕たちに託そうとして使ってくれた時間を、これからは僕たちが若者たちに使うということなんだろうなぁと思いますね。

**青山** そうですね。色々と課題だらけですが、僕もその一助となるようにこれからも若者たちと関わっていきたいと思います。

## おわりに

　ソーシャル・インクルージョンとは、個人と社会の関係における究極の概念だと思います。連想として、僕の頭に夏目漱石の『私の個人主義』が浮かびます。漱石は、学習院大学の学生たちを相手に、個人が社会に包含されつつ力を発揮するための心得を3ヶ条にまとめて教えました。

　第1に、自分の個性を発展させたければ、同時に他人の個性も尊重しなければならないこと。第2に、自分が所有している権力を行使したいのであれば、それに付随する義務というものを心得なければならないこと。第3に、自分の財力を示したいのであれば、それに伴う責任を重んじなければならないこと。

　この3ヶ条は、僕が発達に遅れのある人（子）たちと関わり合うとき、その関わりによって悟ってもらいたいことと重なります。よく、「障害のあるなしに関わらず」と言いますが、そういう類いの大方針です。

　共生社会という美しい言葉があります。これを創り上げるのは誰なのでしょうか。トップダウンでできることなのでしょうか。それとも草の根運動でやることなのでしょうか。その答えは、そもそもこの社会が誰のものであるのかを考えれば、自ずと出てくるはずです。そういった文脈で考えると、障害があると思う人も、ないと思う人も、みんながその対象になると考えられます。

　漱石の3ヶ条に話を戻せば、これを障害の有無に関わらず、一人ひとりが意識的に実践しているコミュニティーは、インクルーシブであることが容易に想像できます。つまり、個人主義とインクルーシブは対義語ではないということになります。

　中度の知的障害を持つ自閉症の青年が、僕らの直接支援の範囲から出

て、都会の職場に勤めることになりました。彼は障害者雇用促進法上の重度判定を受けています。子どもの頃から家庭環境には恵まれず、生活保護を受けていました。施設内での訓練期間中、僕らは、言葉の少ない彼が様々な問題を起こしながらも一つひとつ学び、就職や自立への意識を高めていることを確認していました。そんな折、僕らと彼は、ある企業にアプローチしました。

「実習だけでもお願いします」

表向き、そのようにお願いしつつも、僕らの内心は違いました。

（彼ならば、絶対にこの職場の役に立つ。役に立っていることを彼も自覚するだろう）

そういった推測に基づいた行動です。しかし、ことは簡単には進みません。

「彼のような境遇の人が、就職して働く必要があるのか」

そんな意見もありました。生き馬の目を抜く社会で彼を働かせるのは酷だと言うのです。生活保護であることや、知的障害や自閉症で言葉も少ない彼が社会に出て働くことに意味があるのかないのかという議論であり、善意に基づく意見です。昔からある議論でもあります。

僕らは本人に十分な経験と選択肢を授け、一緒に話し合い、判断をしていきました。その際に必要なのは、表面的に伝達したことの裏にある意味や本質を伝える技術です。言葉も、伝達手段も、タイミングも、すべてを彼の人となりに合わせて選りすぐり、対話をします。営々と一隅を照らし続けるようなやり取りの積み重ねが必要になります。これは、自己責任論を盾にした支援者が、安全地帯にいながら評論家のように語る言葉とは趣が違います。

結論から言いますと、彼はその職場に就職しました。職場側に躊躇はありましたが、これは乗り越えられる範囲であると判断し、皆で応援し

ました。彼は、ときに突拍子もないことをやらかしてはそれを解決していきました。職場や社会で守るべき規範は、彼と職場と僕らの間で一つひとつ共有され、深められていきました。

　都会に勤めるのは、通勤ひとつとっても大変です。慣れない通勤ラッシュの中、「他の乗客がICカードの定期券を改札でタッチする音が怖い……」という相談もありました。また、職場側から、「通勤途上、なぜか忍者のように壁際に貼付きながら歩いている」という報告と相談があり、急遽本人と面談をして確認してみたところ、「人にぶつかるのを防ぐためです」という答えがボソッと返ってきたこともありました。ICカードのタッチ音も、忍者歩きも、まずは、それが不合理であることを本人とよく話し合います。さらに身体の動作を通して、合理的な動き方を体験してもらいます。そして、最後に、一緒にその経験を振り返って意味づけをします。丁寧にこれを繰り返すことで、通勤時の不安を克服することができました。そういった類のことを何十回も積み重ねていく過程で、僕らが直接支援していたときにはわからなかった彼の一面を僕らは新たに知ることになります。その様子は、リアルタイムに職場と共有されていきました。

　新たな一面の出現と成長はニアリーイコールです。新たな一面が現れたときに、彼と隣人との間に適切なやり取りがあれば、それは成長とイコールになります。それを繰り返すうちに、いつの頃からか、職場の人たちから、こんな言葉を普通に聞くようになりました。

　「彼は、この職場になくてはならない存在です」

　すごい言葉だと思います。そして、職場の人たちからその言葉を引き出したのは、誰でもない、彼自身なのです。糸賀一雄さんに報告したら、「世の光だよ」と言うかもしれません。しかし、当の本人には、そのような気負いが一切ありません。そこが、たまらなく素敵なのです。

険しい山に登ることの意味は、その山を登り詰めたときに見える風景に溶け込んでみて初めてわかるものです。彼が社会の中に存在することの意味を知る過程も、同じではないかと思います。

　あらゆる発想には糸口があります。インクルーシブという発想も然り。その糸口は、現場における苦闘の中で、小さくても深く輝く世の光たちの中にこそあるものだと思います。

　僕の心にあるインクルーシブという情景は、この苦闘と光への接近そのものなのです。

令和元年10月

髙原　浩

《著者》

**髙原　浩**（たかはら・ひろし）

1968年横浜市生まれ。1991年明治大学を卒業後、知的障害者の入所施設に指導員として入職。その後、民間の療育訓練・相談機関、無認可企業内作業所、授産施設、入所施設等で、障害児者と生活・学習・就労の場面における支援現場経験を積み重ねる。現在、板橋区成増にある就労移行支援事業所・就労継続支援Ｂ型事業所「ftl ビジネス・スクール/ビー・ワーク」の施設長・サービス管理責任者として勤務。現場で支援をする傍ら、2008年にNPO法人フュージョン・サポートを立ち上げ、企業、成人施設、児童施設、学校、保育園などの支援者や先生を対象とした研修を引き受け、現場の支援力量を上げるために活動中。著書に、『飼い殺しさせないための支援』（河出書房新社）『現場発！知的・発達障害者のための就労・自立支援』（学事出版）がある。

《シリーズ編集代表、対談》

**青山新吾**（あおやま・しんご）

1966年兵庫県生まれ。ノートルダム清心女子大学人間生活学部児童学科准教授、同大学特別支援教育研究センター長。岡山県内公立小学校教諭、岡山県教育庁指導課特別支援教育課指導主事を経て現職。臨床心理士、臨床発達心理士。著書に、『自閉症の子どもへのコミュニケーション指導』（明治図書）『インクルーシブ教育を通常学級で実践するってどういうこと？』（学事出版）ほか多数。

インクルーシブ発想の教育シリーズ③
# 現場発！　ソーシャル・インクルージョンとインクルーシブ教育

2019年12月6日　第1刷発行

著　者──髙原　浩

発行者──安部英行

発行所──学事出版株式会社

　　　　〒101-0021　東京都千代田区外神田2-2-3
　　　　電話03-3255-5471
　　　　http://www.gakuji.co.jp

編集担当　加藤　愛
装丁　中村泰広　イラスト　平戸孝之
印刷製本　精文堂印刷株式会社

© Hiroshi Takahara, 2019 Printed in Japan
落丁・乱丁本はお取替えいたします。

ISBN978-4-7619-2581-9　C3037